Jo Seuß

111 Orte
in Fürth und Erlangen,
die man gesehen
haben muss

Mit Fotografien von H.-J. Winckler und H. Sippel

emons:

Bibliografische Information der Deutschen Nationalbibliothek
Die Deutsche Nationalbibliothek verzeichnet diese Publikation
in der Deutschen Nationalbibliografie; detaillierte bibliografische
Daten sind im Internet über http://dnb.d-nb.de abrufbar.

© Emons Verlag GmbH
Alle Rechte vorbehalten
© der Fotografien: H.-J. Winckler und H. Sippel
Layout: Eva Kraskes, nach einem Konzept
von Lübbeke | Naumann | Thoben
Kartografie: altancicek.design, www.altancicek.de
Kartenbasisinformationen aus Openstreetmap,
© OpenStreetMap-Mitwirkende, ODbL
Druck und Bindung: CPI – Clausen & Bosse, Leck
Printed in Germany 2019
Erstausgabe 2014
ISBN 978-3-7408-0724-5
Aktualisierte Neuauflage Mai 2019

Unser Newsletter informiert Sie
regelmäßig über Neues von emons:
Kostenlos bestellen unter
www.emons-verlag.de

Vorwort

Es hätte auch anders kommen können in Fürth. Doch eine Volksabstimmung hat am 22. Januar 1922 verhindert, dass die Kleeblattstadt ein Teil von Nürnberg wird. Anders hätte die Geschichte auch in Erlangen verlaufen können. Im Jahr 1400 wurde die Stadt nach Nürnberg verkauft und später im Jahr 1552 von den Nürnbergern überfallen, doch die Erlanger konnten sich immer wieder befreien.

Folglich gibt es ein Buch über 111 Orte, die man gesehen haben muss, das von Fürth und Erlangen handelt. Zwei wachsende mittelfränkische Großstädte mit rund 114.000 Einwohnern in Erlangen und über 131.000 in Fürth, die Nachbarn sind, lange aber ein eher distanziertes Verhältnis pflegten. Die Erlanger machten sich lieber über die Forchheimer lustig, die Fürther stichelten gegen die Nürnberger aus der »Ostvorstadt«.

Aber die Welt hat sich weiter gedreht: Die Fußball- und Denkmalstadt Fürth punktet auch mit Hochschulen und Wissenschaft, die Uni-Stadt Erlangen jubelt über Sporterfolge im Handball. Und beide Städte verbindet mehr als man glaubt: Sie meisterten die Umwandlung großer Militärgebiete, setzen auf Grün, Kultur und innovative Projekte mit gleichen Kürzeln, aber verschiedenen Inhalten. Wie bei FIS, der Franconian International School in Erlangen und dem Fürther Inklusiven Soundfestival.

In beiden Städten tut sich viel. Manches verschwindet auch – wie die Pinnnadeln in Erlangen (ersetzt durch ein digitales Info-Angebot) oder das Riesenbobbycar in Fürth, für das der spielerische Bruder-Kreisel in der neuen Auflage dieses Stadt(ver)führers zu finden ist. Er hat noch jede Menge Neuerungen – viel Vergnügen beim Schmökern und Entdecken!

Jo Seuß

111 Orte

1___ Der Alterlanger See | Erlangen
Was für eine schmale Oase im Wiesengrund | 10

2___ Die Antikensammlung | Erlangen
Gipsköpfe, Dreifuß und ein Steckenpferd | 12

3___ Der Aromagarten | Erlangen
Immer der Nase nach | 14

4___ Der Berch | Erlangen
Auf und nieder immer wieder | 16

5___ Der Bohlenplatz | Erlangen
Nur noch trödeln, spielen und entspannen | 18

6___ Die Boulderhalle | Erlangen
Klettermaxe regieren im Autohaus | 20

7___ Die Brauerei Steinbach | Erlangen
Ein Prosit auf das Storchenbier | 22

8___ Brucklyn | Erlangen
Extreme zwischen Hochhäusern, Dorf-Flair und J.B.O. | 24

9___ Das Bürgerpalais Stutterheim | Erlangen
Wunderbar aufpoliertes Gesamtkunstwerk | 26

10___ Das Café Mengin | Erlangen
Süße Träume, edle Verführungen | 28

11___ Das Dreycedern | Erlangen
Ein echtes inklusives Aushängeschild | 30

12___ Der Entlas-Keller | Erlangen
In der heiligen Unterwelt der Bierbrauer | 32

13___ Das Erlanger Teehaus | Erlangen
Stilvoller Salon für Traumtänzer | 34

14___ Die E-Werk-Kellerbühne | Erlangen
Immer unter Strom | 36

15___ Der Exerzierplatz | Erlangen
Zurück zur fränkischen Naturwüste | 38

16___ Das Experimentiertheater | Erlangen
Ein Blackbox, in der mal alles möglich war | 40

17___ Das fifty fifty | Erlangen
Scharfzüngiges mit Hai-Tech-Flair | 42

18___ Die Fischerei | Erlangen
Schöne Karpfen-Grüße vom Aischgrund | 44

19 ___ Das Flick-Werk | Erlangen
Neues Domizil für schwächelnde Drahtesel | 46

20 ___ Franconian International School | Erlangen
Weltoffene Botschaften in FIS-Dur | 48

21 ___ Der Gummi Wörner | Erlangen
Ein perfekt unperfektes Gesamtkunstwerk | 50

22 ___ Der Himbeerpalast | Erlangen
Zartrote Siemens-Zentrale mit Uni-Perspektive | 52

23 ___ Der Hugo | Erlangen
Beruhigender Blick auf das Herz der Planstadt | 54

24 ___ Das Kanapee | Erlangen
Zeitloses Wohnzimmer für Erstsemester | 56

25 ___ Der Kirchner-Garten | Erlangen
Traumhaft verzaubert | 58

26 ___ Der Kraftwerksschlot | Erlangen
Was für eine Erleuchtung! | 60

27 ___ Das Lamm | Erlangen
Das Schuhschachtelkino lebt! | 62

28 ___ Der Lorlebergplatz | Erlangen
Runde Sache mit Vorfahrt für Radler | 64

29 ___ Das MedMuseum | Erlangen
Meilensteine von Reiniger bis Healthcare | 66

30 ___ Der Meilwald | Erlangen
Verschlungene Pfade rund um das Café Hühnerstall | 68

31 ___ Die Neischl-Höhle | Erlangen
Tropfsteine mit Bären im Botanischen Garten | 70

32 ___ Die Orangerie | Erlangen
Ein Gewächshaus für abgehobene Momente | 72

33 ___ Der Paulibrunnen | Erlangen
Plätschernder Blickfang mit Campo-Flair | 74

34 ___ Das Pferd | Erlangen
Der Wink mit dem Milchglas | 76

35 ___ Das Platenhäuschen | Erlangen
Gefragte Pilgerstätte für Schöngeister | 78

36 ___ Die Riviera | Erlangen
Sonne, Sand und Zauneidechsen | 80

37 ___ Der Schallplattenmann | Erlangen
Vinyl, Silberlinge und todsichere Tipps | 82

38 ___ Die Schiffstraße | Erlangen
Flanieren statt Schippern | 84

39__ Die Skateranlage | Erlangen
Graues Paradies unter der Brücke | 86

40__ Der Skulpturenpark Tennenlohe | Erlangen
Fesselnde Früchte eines Festivals | 88

41__ Das Stadtmuseum | Erlangen
Auf Spurensuche im Altstädter Rathaus | 90

42__ Der Strohalm | Erlangen
Rettungsanker im Kellergewölbe | 92

43__ Die Techfak | Erlangen
Durchatmen am Roten Platz | 94

44__ Das Theater | Erlangen
Zwischen Barock und Blackbox | 96

45__ Das Transfer | Erlangen
Underground-Club mit künstlerischen Fragezeichen | 98

46__ Das Urwildpferdgehege | Erlangen
Fröhliche Huftiere statt rasselnder Panzerketten | 100

47__ Das Walderlebniszentrum | Erlangen
Hölzerne Abenteuer mit Grünspecht und Montezuma | 102

48__ Der Waltmann | Erlangen
Eine filmreife Käsegeschichte | 104

49__ Der Wasserturm | Erlangen
Ein Wächter mit Speicher am Burgberg | 106

50__ Das Westbad | Erlangen
Arschbomben auf dem Präsentierteller | 108

51__ Die ASV-Holztribüne | Fürth
Sportliche Zeitreise in der Magazinstraße | 110

52__ Atzenhof | Fürth
Neue Heimat für Überflieger | 112

53__ Das Babylon | Fürth
Bastion für alte und neue Kinofreunde | 114

54__ Die Badstraße 8 | Fürth
Kunst, Idylle und Magie hoch zwei | 116

55__ Das Berolzheimerianum | Fürth
Comödie und Grüner beleben den Prachtbau | 118

56__ Die Billinganlage | Fürth
Espresso, Schienen und das pralle Leben | 120

57__ Bistro Galerie | Fürth
Das Gefühl von Montmartre lebt | 122

58__ Der Blaue Affe | Fürth
Tierischer Klassiker mit Blümchenmuster | 124

59 — Der Bruder-Kreisel | Fürth
Freundlichste Dauerbaustelle des Universums | 126

60 — Die Charly-Mai-Anlage | Fürth
Abheben wie ein Weltmeister | 128

61 — Die Direktorenvilla | Fürth
Im Reich von Heinzelmann und Zauberspiegel | 130

62 — Die Fischtreppe | Fürth
Eleganter Schleichweg im Rednitztal | 132

63 — Die Flussmündung | Fürth
Ein Wallfahrtsort für Turteltäubchen | 134

64 — Das Frauenkulturmuseum | Fürth
Fingerzeige aus weiblicher Sicht | 136

65 — Die Freilichtbühne | Fürth
Schillernd abheben in der steilen Stadtpark-Muschel | 138

66 — Die Fürther Freiheit | Fürth
Paradiesisisch und manchmal gnadenlos | 140

67 — Die Gaggalas-Quelle | Fürth
Heilwasser mit faulen Eiern | 142

68 — Der Gauklerbrunnen | Fürth
Spritzige Spaßvögel für Klein und Groß | 144

69 — Der Greuther Teeladen | Fürth
They never walk alone | 146

70 — Der Hainberg | Fürth
Weitblick, Schafe und Silbergras | 148

71 — Die Hohe Mitte | Fürth
Leuchtturm mit Büchern, Terrazza und prächtiger Aussicht | 150

72 — Die Hornschuchpromenade | Fürth
Jugendstil mit verflossenem »Adler«-Blick | 152

73 — Interkulturelle Gärten | Fürth
Wo die ganze Welt zusammenwächst | 154

74 — Das Jugendhaus Hardhöhe | Fürth
Gesprühte Härtegrade mit weichem Kern | 156

75 — Der Kaiserplatz | Fürth
Der Anfang vom Ende oder ab nach Las Vegas | 158

76 — Das Kettenkarussell | Fürth
Himmlische Kärwa-Gefühle am Hallplatz | 160

77 — Der Kioski | Fürth
So spinnen die Finnen – am dritten Ort | 162

78 — Die Kofferfabrik | Fürth
Durch eine hohle Gasse zum kreativen Chaos | 164

79___ Die Krautheimer Krippe | Fürth
Mathe mit historischem Kontext | 166

80___ Das Kriminalmuseum | Fürth
Wo Gänsehautgefühle garantiert sind | 168

81___ Das Kulturforum | Fürth
Acht Säulen als Herausforderung | 170

82___ Das Landesamt für Statistik | Fürth
Kunst im Reich von Datenwolken und Wissbegierde | 172

83___ Die Lindenallee | Fürth
Grüne Botschaft statt Kommandoton | 174

84___ Das Logenhaus | Fürth
Im Namen von Wahrheit, Schönheit und Freundschaft | 176

85___ Das Ludwig-Erhard-Zentrum | Fürth
Ein Hoch auf den Vater des Wirtschaftswunders | 178

86___ Die Malzböden | Fürth
Wachgeküsste Humbser-Brauerei in der Südstadt | 180

87___ Der Mariensteig | Fürth
Steile Stufen mit Sogwirkung | 182

88___ Die Mevlana-Moschee | Fürth
Mini-Minarette als Kompromiss | 184

89___ Der Monster-Keller | Fürth
Ungeheuer spaßig im Untergrund | 186

90___ Die Musikschule | Fürth
Eine swingende Insel im Grünen | 188

91___ Der Pappelsteig | Fürth
Die hölzerne Vier-Jahreszeiten-Attraktion | 190

92___ Die Paulskirche | Fürth
Bleistift mit Ausguck für Wanderfalken | 192

93___ Die Pegnitzinsel | Fürth
Sandstrand mit Dschungel-Feeling | 194

94___ Die Pfarrgasse | Fürth
Märchenhafter Strich am Rand der Altstadt | 196

95___ Die Pyramide | Fürth
Übernachten im Glashaus wie die Pharaonen | 198

96___ Der Rathaus-Campanile | Fürth
Florentinisches Flair und ein Hauch von Hollywood | 200

97___ Das Ritualbad | Fürth
Fremdvertraut: Tief unten ins Grübeln kommen | 202

98___ Das Schickedanz-Grabmal | Fürth
Letzte Grüße vom Quelle-Chef | 204

99 — Das Schloss Burgfarrnbach | Fürth
Goldmedaillen und ein Gruß von Fidel | 206

100 — Der Schneckerlassteg | Fürth
Zwei Ehrenrunden über den Europakanal | 208

101 — Die doppelte Siebenbogenbrücke | Fürth
Wo Jogger und Sprayer neben den Zügen abheben | 210

102 — Der Solarberg | Fürth
Nie mehr zweite Liga | 212

103 — Die Solegrotte | Fürth
Dem Meer ganz nah | 214

104 — Der Sportpark Ronhof | Fürth
Blühende Wand in der erstklassigen Haupttribüne | 216

105 — Das Stadttheater | Fürth
Grüner Farbtupfer über weinroten Sitzen | 218

106 — Der Tabakbauer Pfann | Fürth
Heißer Stoff für Wasserpfeifen | 220

107 — Die Tanzschule Streng | Fürth
Schritte, die die Welt bedeuten | 222

108 — Der U-Bahnhof Rathaus | Fürth
Blaue Wunder im Untergrund | 224

109 — Der Waagplatz | Fürth
Ein ganz besonderes Pflaster | 226

110 — Das Wildschweingehege | Fürth
Schwatz am Zaun mit Schwarzkitteln | 228

111 — Das Zwei-Städte-Brauhaus | Fürth
Wo würzige Biersuppe über Grenzen fließt | 230

1 Der Alterlanger See
Was für eine schmale Oase im Wiesengrund

Es gibt noch immer Leute, die ihn entweder mit dem Sparkassenweiher verwechseln oder einfach ignorieren und daran vorbeiradeln. Was passieren kann, denn der Alterlanger See ist überwiegend sehr schmal. Zudem liegt er gut eingewachsen zwischen Innenstadt und Alterlanger Siedlung am westlichen Rand des Rednitzwiesengrunds. Wer ihn aber entdeckt hat, der schätzt das lang gezogene Gewässer als Rückzugsgebiet.

Es ist eine ideale Oase für Städter. Die Grünzone am nördlichen Ufer, wo im Frühsommer ein dünner Kirchweihbaum steht, ist an schönen Tagen ein beliebter Treffpunkt. Weil es nur eine einzige Bank unter der stattlichen Linde gibt, haben Stammgäste große Picknickdecken dabei. Und da Parkplätze Mangelware sind, wird bevorzugt hergeradelt. (Was man in der Fahrradstadt Erlangen aber eh niemandem sagen muss.)

Obwohl es keine ausgewiesene Strandzone gibt, wird an heißen Sommertagen flugs am Schilf vorbei hineingesprungen. Abkühlung ist garantiert, und romantische Schattenplätze findet man außenrum genügend. Das war schon vor über 100 Jahren so, wie man alten Postkarten vom Alterlanger See entnehmen kann. Attraktiv ist er bis heute auch für Angler, die gern abends am Rand sitzen. Ja, im auffallend sauberen Wasser tummelt sich ein reicher Fischbestand.

Für eine gewisse Verunsicherung sorgt im Übrigen bis heute das Wort Alterlangen. Viele verorten den Stadtteil fälschlicherweise in der Erlanger Innenstadt, er liegt sogar weit außerhalb des einstigen Stadtmauerbereichs. Trotzdem soll die erstmalige Erwähnung der Hugenottenstadt anno 1002 als »Villa Erlangon« auf den Siedlungsbereich östlich der Regnitz zurückgehen, wie es in einigen Geschichtsbüchern heißt, was unter Experten weiter heiß umstritten ist. Kritiker finden, dass er in Wirklichkeit mit einem dortigen Erlenanger zu tun hat. Man darf hier auf neue Forschungsergebnisse gespannt sein.

Adresse Am See, 91056 Erlangen-Alterlangen | ÖPNV Bus 286, 287, 293, Haltestelle Alterlangen/Kosbacher Weg | Tipp In Sichtweite des Sees steht der »Lange Johann«, das größte und mit 80 Metern höchste Wohngebäude Erlangens, das bis zu 27 Stockwerke und 400 Wohn- beziehungsweise Gewerbeeinheiten hat und von 1969 bis 1973 hochgezogen wurde. Die Gestaltung des Betonkolosses durch Hanns und Heinz Scherzer sorgt seit jeher für Kontroversen, in Architektenkreisen wird sie durchaus geschätzt.

2 — Die Antikensammlung
Gipsköpfe, Dreifuß und ein Steckenpferd

Man braucht etwas Spürsinn, um die Antikensammlung zu finden. Das liegt auch daran, dass diese 1853 angestoßene Einrichtung einige Ortswechsel hinter sich hat. Die Anfänge waren im Schloss, 1887 ging es ins Kollegienhaus und 1957 ins Untergeschoss des Lehrstuhls für Klassische Archäologie an der Philosophischen Fakultät in der Kochstraße. Da Archäologen bekanntlich findige Typen sind, wird auf Wegweiser kein übergroßer Wert gelegt. Und wer den Blick in die Zeit vor über 2.000 Jahren richtet, der hat eh die Ruhe weg. So wie Martin Boß, der seit 1991 die Antikensammlung betreut.

Rund 1.300 Inventur-Nummern gibt es aktuell, an die man gut zwei Nullen anhängen kann, wenn es um alle Stücke im Depot geht. Überwiegend handelt es sich um weiße Gipsabgüsse, mit denen einst im »Raritätenkabinett« alles begann. Viele Köpfe, nackte Adonisse und Venusfiguren sind darunter, aber auch Helden in kämpferischer oder nachdenklicher Pose. Zudem besitzt man rund 900 Originale, unter denen historisch Bedeutsames zu finden ist. Wie den »Erlanger Becher« aus der Etruskerzeit oder den orientalischen Dreifuß.

Solche Schätze werden hinter Glas gezeigt und haben die Erlanger Antikensammlung bayernweit nach München und Würzburg zur Nummer drei in dieser Museumssparte gemacht. Mindestens ebenso wichtig ist dem Chef aber die Bearbeitung der Stücke mit den Studenten, um die Bedeutung der Antike für das Heute herauszufiltern. Das führt alljährlich zu einer spannenden Themenschau, die im Raum zwischen den acht schlanken Säulen präsentiert wird, und zu einer Besonderheit, auf die Lehrstuhl und Sammlung stolz sind: Architekturmodelle – etwa vom alten Rom, um Stadtplanung im Wandel der Zeit zu verstehen. Das hat absolut nichts Angestaubtes – ebenso wie die Modelleisenbahn, die Martin Boß in einem Separee aufgebaut hat. Sein persönliches Steckenpferd jenseits der Antike.

Adresse Kochstraße 4, 91054 Erlangen-Innenstadt | **ÖPNV** Buslinien 252, 289, 290, Haltestelle Hindenburgstraße | **Öffnungszeiten** während der Vorlesungszeit, Di–Do 14–17 Uhr und jeden 2. und 4. So im Monat 14–17 Uhr | **Tipp** Die Universität besitzt auch eine renommierte Graphische Sammlung mit alten Handschriften und Drucken, die sich in der Universitätsstraße 4, 2. Stock, befindet.

3 — Der Aromagarten
Immer der Nase nach

Wie riecht eine Stadt? Woran erkennt man ihren Duft? Hat Erlangen überhaupt einen eigenen Geruch? Vielleicht eine Mischung aus Siemenselektronik, Universitätsschweiß, Markgrafenessenzen, Hugenottenextrakten, mittelfränkischen Spurenelementen sowie internationalen Einsprengseln, die zusammen den Erlanger Duft ergeben? Dies herauszufinden wäre eine Doktorarbeit wert. Doch gut möglich, dass dies über den 8.900 Quadratmeter großen Aromagarten längst erforscht wird, der seit 1981 am Rand der Schwabach gedeiht und von der Universität betreut wird.

Ein lila Schild empfängt einen an der Tür zum Duft-Paradies, das von April bis Oktober täglich von 7 bis 19 Uhr geöffnet ist. Unter weiß blühenden Schlehenbüschen und vorbei an zierlichen Birnbäumen geht es den Duftrosen entgegen, die einen kräftig in Beschlag nehmen. Rund 120 Pflanzen wachsen in der liebevoll angelegten Beetlandschaft, wo Tafeln einen groben Überblick bieten. Doch Vorsicht: Nicht das Auge, sondern die Nase gibt hier die Richtung vor.

Thymian, Salbei, Minze und russischer Estragon bilden einen ersten Schwerpunkt. Auf schmalen Wegen kann man sich einen persönlichen Duftpfad bahnen, mit Daumen und Zeigefinger leicht an Blüten oder Blättern reiben, um etwa die würzigen Nuancen beim Muskatellersalbei zu erahnen oder dem Geheimnis des Falschen Jasmins auf die Spur zu kommen. Je nach Jahreszeit dominieren andere Gerüche und Farben, wie das Lavendelblau im Juni.

Wer schon immer mal den Unterschied zwischen Kartoffel- und Weinrose erriechen wollte, kann dies hier tun. Zugleich Katzenminze und Römische Kamille beschnuppern und darüber staunen, wie groß und zackig Medizinalrhabarberstauden sind. Über dosiert eingestreute Schilder bekommt man Daten über Herkunft, Inhaltsstoffe, Duft, Verwendung, Gartenwert sowie den Wert einer Pflanze als »Droge«. Wie sich das wohl auf den Erlanger Duft auswirkt?

Adresse Palmsanlage, 91054 Erlangen-Innenstadt | **ÖPNV** Bus 289, 290, Haltestelle Schwabachanlage | **Öffnungszeiten** April–Okt. 7–19 Uhr | **Tipp** Das neue Wissen über Düfte kann man gleich nach dem Besuch bei einem Spaziergang durch die Schwabachanlage testen. Hier blüht viel Wohlriechendes!

4 Der Berch
Auf und nieder immer wieder

Wenn der Berg ruft, dann gibt's kein Halten mehr. Die ersten Rufe ertönen schon am Tag nach der Fass-Beerdigung am Ende des zwölftägigen Massenauftriebs am Fuße des Burgbergs. Richtig ernst wird es so acht Wochen vor dem Donnerstag vor Pfingsten, wenn der Oberbürgermeister das erste Fass mit möglichst zwei Schlägen anzapfen muss (was OB Florian Janik seit der Premiere anno 2014 gelang, weshalb die Chancen für die Wiederwahl gut sind …).

Im April hängt jedenfalls die ganze Stadt voller Plakate, die den »Berch«, wie die Einheimischen sagen, in Erinnerung rufen. Seit mittlerweile 264 Jahren ist klar: Die Bergkirchweih ist nicht irgendein Volksfest, sie ist eine eigene Auszeit, irgendwo zwischen Fasching und Urlaub angesiedelt. Bis 1999 genehmigte die Universität sogar einwöchige »Bergferien«, damit Studenten und Lehrkörper das Spektakel in vollen Zügen genießen konnten. Es geht dort, wo früher die Bierbrauer ihre Keller hatten, allabendlich promillegeladen im Namen von »Ein Prosit der Gemütlichkeit« über die Bühne.

Als von Weitem sichtbares Zeichen wird ein 52 Meter hohes Riesenrad aufgebaut, umgeben von Los-, Schieß- und Imbissbuden sowie Herausforderungen für Magengrube und Gleichgewichtssinn. Im Mittelpunkt des lang gezogenen Gaudiwurms steht jedoch das Maßkrugstemmen in Verbindung mit dem Tanz auf Bierbänken und -tischen. Ob beim Entlas-, Erich-, Birkner-, Weller-, Steinbach- oder Henninger-Keller: Ab einem gewissen Punkt reißt es alle hoch. Wohl denen, die zu Dirndl oder Lederhose rutschfeste Fußbekleidung tragen.

Ob bei der »Fischerin vom Bodensee«, beim »Regimentsmarsch« oder bei Gassenhauern wie »Fürstenfeld«: Sitzen bleiben geht gar nicht! Es ist ein beeindruckendes Schauspiel, wie die Masse Mensch in Bewegung gerät und in allgemeinem Frohsinn auf und nieder immer wieder hüpft. Dann ist das Gwerch am Berch jedem Gerch wurscht.

Adresse An den Kellern, 91054 Erlangen-Burgberg; die Kärwa beginnt immer am Donnerstag vor Pfingsten | ÖPNV Bus 288, 289, Haltestelle Essenbacher Straße | Tipp Am Rand des Burgbergs erinnert ein Denkmal daran, dass auf der Trasse des Frankenschnellwegs früher der Ludwigskanal war, der Donau und Main verband.

ERLANGEN

5 Der Bohlenplatz
Nur noch trödeln, spielen und entspannen

Am vollsten ist es am Bohlenplatz jeden ersten Samstag im Monat, wenn von 7 bis 16 Uhr der Flohmarkt läuft. Seit 40 Jahren stehen dann Tapeziertische an den Parkwegen zwischen Friedrich- und Oberer Karlstraße. Und die Organisatoren Monika und Bernd Görzig bieten an ihrem Stand neben der Kirche leckere Brötchen und je nach Jahreszeit kühle oder heiße Getränke an. Eine Trödel-Institution, die viele Stammgäste anzieht, weil auf gepflegten Handel mit echten Secondhandwaren geachtet wird.

Interessant ist der Bohlenplatz, der wegen des Milieus im Umkreis früher »Im Polen« oder »Klein-Polen« hieß, auch wegen seiner bewegten Geschichte. Als 1734 die deutsch-reformierte Kirche auf der Westseite vollendet wurde, wartete die angrenzende Fläche noch lange auf ein Gesicht. 1740 wurden immerhin ein paar Bäume gepflanzt, trotzdem diente das Areal mehr als Müllhalde und Sandgrube im damaligen Armenviertel. Grüner wurde es erst, als das bayerische Königshaus 1826 der Stadt 450 Maulbeerbäume für die Seidenraupenzucht schenkte und sie zum Großteil hier pflanzte.

Ein richtiger Park wurde erstmals 1887 angelegt. Dennoch tauchten immer wieder Umgestaltungspläne auf. Sogar ein Freibad war angedacht, wie man einer Info-Tafel entnehmen kann. 1919 installierte man dann einen der ersten beiden Kinderspielplätze der Stadt, trotzdem folgten neue Pläne, etwa für ein Gefallenendenkmal. Und im Zweiten Weltkrieg machten sich Kleingärten breit, gefolgt von einem Parkplatz.

Eine Sünde, die vergessen ist. Seit 1982 sind Freizeit, Erholung, Spielen und Trempeln angesagt. 2002 kam die Brunnenplastik »Quellstein im Labyrinth« von Bernhard Rein zum 1.000-jährigen Stadtjubiläum dazu. Ein Jahr zuvor pflanzte man einen Ginkgobaum am »Friedensweg der Religionen« neben der Kirche. Multikulti-Feste gehen auch über die Bühne, inklusive dem Groove von afrikanischem Gummistiefeltanz.

Adresse Bohlenplatz, 91054 Erlangen-Innenstadt | **ÖPNV** Bus 284, 285, 294, Haltestelle Obere Karlstraße | **Tipp** Ringsum gibt es viele kleine Geschäfte, die zum Entdecken einladen.

6 Die Boulderhalle
Klettermaxe regieren im Autohaus

Man kann von allen Seiten reinschauen und sieht doch aus der Ferne nicht, was drinnen abgeht. So kommt man unweigerlich näher, um zu verstehen, was eigentlich »Blockhelden« sind, wie an der Fassade steht. Ein raffinierter Schachzug, der zum Konzept passt, das seit Oktober 2012 in einem stillgelegten Autohaus am Ortseingang von Dechsendorf rechts neben einer Tankstelle für neues Leben sorgt. Boulderhalle heißt die Freizeitattraktion, die sich die Sandkastenfreunde Simon Herr und Simon Brünner ausgedacht haben. Die passionierten Kletterer standen nach ihrem Physik- beziehungsweise Produktdesign-Studium mit Anfang 30 wieder in der Erlanger Heimat auf der Matte. Und der von den Benzinkarossen befreite Flachbau brachte ihre Fantasie schwer auf Trab.

Da beim Herumhangeln an künstlichen Felsbrocken (englisch: boulder) weder Seil noch Haken genutzt werden, entpuppte sich die Raumhöhe als ideal. Durch extradicke Matten wird der freie Fall aus vier Metern Höhe gehörig gebremst. Und weil es sieben farblich markierte, unterschiedlich schwere Routen gibt, sind Klettermaxe zwischen drei und 63 Jahren plus anzutreffen. Und Kindergruppen wetteifern wie Männercliquen, wer am schnellsten oben ist und so zum Blockhelden gekürt wird.

Geschickt haben die Macher die Ausstellungsräume in Kraxellandschaften verwandelt. Die frühere Kfz-Werkstatt mit dem im Sommer zu öffnenden Rolltor wurde ebenso integriert wie der Verwaltungstrakt und das Ersatzteillager im Keller.

Von dort verläuft ein Kurs für die absoluten Cracks nach oben, der samt extremem Überhang 13 Meter lang ist. Da die potenzielle Absturzhöhe dank des schräg abfallenden Bodens nirgends zu groß ist, winken sportliche Hochgefühle, ohne dass man schwindelfrei sein muss.

Laut Statistik sind von den 220-Boulder-Stellen 140 für Fortgeschrittene, Halbprofis und Profis gedacht. Das heißt: viel Training!

Adresse Weisendorfer Straße 18, 91056 Erlangen-Dechsendorf | ÖPNV Bus 202, 283, Haltestelle Heusteg | Öffnungszeiten täglich ab 12–23 Uhr (Mo und Mi ab 11 Uhr, an Feiertagen und in den Schulferien ab 9 Uhr), Infos unter www.blockhelden.de | Tipp In und um Dechsendorf gibt es mehrere Seen, am großen Dechsendorfer Weiher laufen im Sommer schöne Freiluftkonzerte. Der See hat allerdings seit Jahren mit starkem Algenwachstum zu kämpfen, was nicht immer einladend zum Baden ist.

ERLANGEN

7 — Die Brauerei Steinbach
Ein Prosit auf das Storchenbier

Es war eine kleine Sensation, als in der Vierzigmannstraße 4 wieder die Kessel angeworfen wurden. Auf dem Anwesen, wo 1653 mit der Thurn-und-Taxis'schen Poststation das Bierbrauen begann, wagten Dieter Gewalt, Enkel von Carl Steinbach, der die Firma im Jahr 1861 gründete, und seine Söhne Christoph und Jörg im Mai 1995 einen Neustart. 72 Jahre nach dem finsteren Inflationsjahr 1923, als die Familie Steinbach den Betrieb einstellen musste und das Braukontingent an das Brauhaus Nürnberg verkaufte und sich auf die Malzproduktion konzentrierte.

Es war nicht zuletzt die Rückbesinnung auf besondere einheimische Biere, die zur Renaissance der Brauerei Steinbach führte. Und so gab es in der Stadt, die vor 150 Jahren mit 20 Brauereien die Nummer eins der Branche vor Kulmbach, Nürnberg und München war, wieder mehr als den langjährigen Platzhirschen Kitzmann (tragisch: Die 300 Jahre bestehende Firma musste zum 30. 9. 2018 Insolvenz anmelden, die Markenrechte gingen an Kulmbacher).

Da auf dem Schlot regelmäßig Störche brüten, passt das trübsüffige Storchenbier bestens als Aushängeschild im Spezialitätenmix, der regelmäßig ein »Bier des Monats« anbietet. Kupferkessel glänzen im Sandsteingebäude mit dem hochgezogenen Satteldach. Seit April 2008 ist oben auf dem Gerstenboden sogar ein kleines Biermuseum integriert. Auf 200 Quadratmetern wird neben der Erlanger Biergeschichte die Kunst des Brauens in acht Stationen präsentiert. Das historische Wirtshausschild vom 1956 geschlossenen Gasthof »Roter Ochs« gehört ebenso zu den Schmuckstücken wie Bilder von der Bergkirchweih.

Neben einer alten Hopfensack-Nähmaschine begegnet man dem Hinweis, dass »Erlanger« in den USA heute noch als Synonym für ein haltbares Lagerbier mit malzigem Charakter gilt. Probieren kann man es auch im Biergarten, wo rote Lampions an einer stattlichen Kastanie abends romantisch leuchten.

Adresse Vierzigmannstraße 4, 91054 Erlangen-Innenstadt | **ÖPNV** Bus 202, 252, 283, 287, 289, 290, 292, 293, Haltestelle Martin-Luther-Platz | **Öffnungszeiten** täglich 17–24 Uhr, Museumsführungen kann man unter Tel. 09131/895912 vereinbaren | **Tipp** Wer im Umkreis auf den Spuren verblichener Brauereien wandelt, wird in der Nähe am Theaterplatz 15 (»Goldene Harfe«) oder in der Hauptstraße 110 (»Goldener Schwan«) fündig, wo einmal die Brauerei Hübner ansässig war. Freuen darf man sich übrigens auf die Thalermühle, die unterhalb des Schlachthofs derzeit von der Firma MIP und der Brauerei Weller umgebaut wird.

8 Brucklyn
Extreme zwischen Hochhäusern, Dorf-Flair und J.B.O.

Man schrieb das Jahr 1282, als Brucca erstmals urkundlich erwähnt wurde. Das Dorf war damals ein Spielball zwischen dem Nürnberger Burggrafen und dem Ansbacher Markgrafen. Dennoch blühte Bruck im späteren Mittelalter, was viel mit der verkehrsgünstigen Lage an der einzigen Regnitzbrücke zwischen Vach und Baiersdorf zu tun hatte. Zeitweise gab es vier Brauereien, und auch die Verarbeitung des nebenan angebauten Tabaks kurbelte die Wirtschaft an. Im 19. Jahrhundert veränderte sich das Ortsbild, als erste Arbeitersiedlungen entstanden und Bruck mit Erlangen zusammenwuchs. 1924 folgte zuerst die Eingemeindung, dann neue Siedlungsprojekte mit Einfamilien- und Mietshäusern.

Nach dem Zweiten Weltkrieg führte der soziale Wohnungsbau zu einem extremen Wachstum. 60er-Jahre-Betonbauten wuchsen vier, acht, 13 und über 20 Geschosse empor. Vor allem die klotzige Hochhausarchitektur rund um Paul-Gossen- und Gerhard-Hauptmann-Straße veränderte das Bild des Stadtteils, den die jüngere Generation irgendwann »Brucklyn« nannte. Weil es lauter, bunter und ungehobelter als anderswo zuging – mit einem Ausländerrekordanteil von 27 Prozent.

1989 machte dann die Erlanger Heavy-Metal-Spaßcombo J.B.O. aus dem Rap-Hit »No Sleep till Brooklyn« der »Beastie Boys« eine fröhlich-freche Hymne auf Bruck, wo es mindestens genauso gefährlich sei wie in New York. Vor Ort nahm man's mit Humor – insbesondere im legendären Rock-Schuppen »Force« am Buckenhofer Weg 69, der 1982 als popperfreie Zone in Eigenregie von Heavy-Metal-Fans gegründet wurde.

Obwohl die J.B.O.-Frontmänner Vito C. und G. Laber ein paar Jahre älter geworden sind, gehen sie immer noch gern mal ins »New Force«, wie der Laden seit der Totalrenovierung Ende 2007 heißt. Unbekannte hatten einen verheerenden Brand gelegt. Als hätten sie beweisen wollen, dass es in Bruck wirklich am härtesten zugeht. Der Hammer.

Adresse 91052 Erlangen-Bruck | **ÖPNV** Bus 200, 280, 281, 284, 285, 295, 296 Haltestelle Paul-Gossen-Straße | **Anfahrt** am Frankenschnellweg die Ausfahrt Erlangen-Bruck nehmen, über die Paul-Gossen-Straße kommt man in den Stadtteil | **Tipp** Einfach mal über die Äußere Brucker Straße und die Fürther Straße von Neu- nach Alt-Bruck bis zur schmucken Kirche St. Peter und Paul fahren – eine spannende Zeitreise!

9 Das Bürgerpalais Stutterheim

Wunderbar aufpoliertes Gesamtkunstwerk

Das Palais Stutterheim am Rand des Schlossplatzes hatte eigentlich immer das gewisse Etwas. Trotzdem spürten sensible Zeitgenossen, dass im um 1730 erbauten Palast, der früher mal als Rathaus diente, etwas nicht stimmte. So war die Ausstellungsfläche für die hier seit 1974 beheimatete Städtische Galerie zu klein, die Bibliothek wirkte reingezwängt, und der Innenhof blieb ungenutzt, seltsam ausgeklammert. Es musste etwas passieren – folglich war es gut, dass der damalige Kulturreferent Dieter Rossmeissl nach allen Regeln der Kunst für eine Sanierung samt Umgestaltung kämpfte. Herausgekommen ist ein aufpoliertes Haus, das seit 2010 in neuem Glanz erstrahlt.

Durch mehrere kluge Eingriffe entstand ein wunderbares Gesamtkunstwerk, das für alle Bürger da ist und Maßstäbe setzt. Die Stadtbibliothek durfte sich auf allen Etagen breitmachen, durch die gläserne Überdachung des Innenhofs und wohlgesetzte Verbindungsstege in den oberen Stockwerken hat der Bürgerpalais etwas Spielerisches bekommen. Dazu passen die Lesenischen mit den bequemen Sitzmöbeln und das Blätterrauschen im Erdgeschoss, denn wer will, kann hier stundenlang in Zeitungen und Zeitschriften blättern, dazu Kaffee oder etwas Kühles trinken. So wie früher im verblichenen Kulturtreff Helmstraße, nur eben mit viel mehr Licht, Luft, Flair und Lesepodium für Veranstaltungen.

Durch das neue Untergeschoss hat sich die Fläche für die Kunstpalais-Ausstellungen auf 500 Quadratmeter verdoppelt, was die Präsentation von zeitgenössischen Kunst-Installationen beflügelt hat. Gelungen ist auch, wie auf die unrühmliche Historie im Jahr 1938 eingegangen wird, als hier im Hof die ersten jüdischen Mitbürger Erlangens verhaftet und abtransportiert worden waren. Im ersten Obergeschoss wird per Text und mit einer Fotografie daran erinnert. Subtil und unübersehbar, Hut ab!

Adresse Marktplatz 1, 91052 Erlangen-Innenstadt | **ÖPNV** Bus 30, 202, 289, 293, Haltestelle Hugenottenplatz | **Tipp** Wer die Helmstraße zur Westlichen Stadtmauerstraße durchgeht, stößt auf das Atelier des stadtbekannten Künstlers Erhard Königsreuther alias »Pinsl«. Das 2009 verstorbene Enfant terrible war ein Original, galt aber auch als Nervensäge mit Krone auf dem Haupt.

10 Das Café Mengin
Süße Träume, edle Verführungen

Es kann gefährlich werden, wenn man das Café Mengin betritt. Am besten sollte man sich ein Limit setzen, wie im Spielcasino. Zwei Stück, maximal drei – dann tschüss. Als wenn das so einfach wäre! Wer am Schaufenster und dann innen vor dem nicht enden wollenden Reigen aus Torten, Kuchen, Pralinés und Gebäck steht, dem kann es ähnlich schwurbelig werden wie dem Comte De Reynaud in der Kinokomödie »Chocolat«.

Aber was soll's: Das Café Mengin steht für Genuss. Es lockt mit süßen Träumen und bietet eine edle Form der Verführung. Schwungvoll stehen die Namen auf der Tafel, zwischen Apfelstrudel und Sacher stößt man auf die Agnes-Bernauer-Torte, eine hauseigene Spezialität mit Nussbaiser und Mokkacreme. Man sollte sie probieren, am besten alle, auch die Florentiner, Schweinsohren und Pressburger Nusshörnchen, nur nicht auf einmal.

Auf das Mengin muss man sich dauerhaft einlassen. Auch wegen der reichhaltigen Geschichte. 1697 soll das markante Eckhaus mit dem freigelegten Fachwerk erbaut worden sein, obwohl 1723 am Eingang steht. Unstrittig ist das Jahr 1863, in dem die Witwe Rosenmüller das exponiert gelegene Anwesen an den Kaufmann, Konditor und Hugenotten-Urenkel Jean Theodore Ernest Mengin aus Schwäbisch Hall verkauft hat. 1892 stieg das Café unter Sohn Richard zum bayerischen Hoflieferanten auf, 1910 übernahm Familie Hans Gros den Betrieb. Hans und Sohn Franz bauten ihn nach 1945 wieder auf, 1954, 1970 und 1989 wurde das Café umgestaltet. Seit 1997 führen die Enkel Ronald (Hotelkaufmann und Koch) und Kai-David (Konditor mit Meisterbrief aus Heidelberg) die Geschäfte.

Zwei Chow-Chows vor der Tür waren lange neben den 50 süßen Stücken das Mengin'sche Markenzeichen. Vorbei, langsam gewöhnt man sich daran – ebenso wie an den großen Wintergarten auf der Seite zum Schloss. Er garantiert Zuckerstunden mit Blick ins Grüne zu jeder Jahreszeit.

Adresse Schlossplatz 5, 91054 Erlangen-Innenstadt | **ÖPNV** Bus 205, 283, 287, 293, Haltestelle Altstadtmarkt | **Öffnungszeiten** Mo–Sa 8–18.30 Uhr, So und Feiertage 9–18 Uhr | **Tipp** An der Fassade des Hauses Schlossplatz 3 erinnert eine Gedenktafel an die ehemalige Werkstatt des Universitätsmechanikers Erwin Moritz Reiniger, die als Ursprung der Siemens Medizintechnik gilt.

ERLANGEN

11__Das Dreycedern
Ein echtes inklusives Aushängeschild

Die Eingangstür geht automatisch auf, die Gänge sind auffallend breit und die Buchstaben auf dem Wegweiser extragroß. Während es Orientierungshilfen in Blindenschrift gibt, müssen Rollstuhlfahrer nicht mit Stufen rechnen, die sie ausbremsen. Ja, gleich bei den ersten Schritten im Haus Dreycedern spürt man, dass hier an alles gedacht wurde, damit niemand außen vor bleiben muss.

Das ist kein Zufall, denn im Dreycedern wurde schon inklusiv gedacht, als dieses Wort noch nicht unbekannt war, wenn es um das Zusammenleben von Menschen mit und ohne Handicaps ging. Seit 1982 betreibt der Verein Dreycedern das Sozialzentrum mit insgesamt 48 Wohnungen im ehemaligen Domizil der Erich-Brauerei. 1976 hatte die Stadt es gekauft und das denkmalgeschützte Anwesen beispielhaft umbauen lassen.

Die schmucken Gebäude mit den halbrunden Markisen an den Fenstern zum Altstädter Kirchplatz sind ein Aushängeschild geworden, das stets weiterentwickelt wurde: zu einem Haus der Gesundheit, in dem ältere und behinderte Menschen viele Anlaufstellen finden und auch Medizingeschädigte beraten werden. 2005 erhielt die weitgehend ehrenamtlich getragene Einrichtung den Erlanger Preis für Medizin, Technik und Gesundheitswesen.

Zu den wichtigen Köpfen zählte von Anfang an Dinah Radtke, Jahrgang 1947, die seit 1977 im 3. Stock von Dreycedern barrierefrei wohnt. Über Studenteninitiativen sowie zahllose Anträge und Projekte hat die Rollstuhlfahrerin viel bewegt. Dazu gehört das Zentrum für Selbstbestimmtes Leben (ZSL), das sie 1988 mitgegründet hat. Integriert wurde im Dreycedern-Erdgeschoss auch das Lokal des Vereins »Sprungbretter«, in dem ehemalige Suchtkranke beschäftigt sind, weshalb es keine alkoholischen Getränke gibt. Der Mittagstisch, der montags bis freitags von 11.30 bis 14 Uhr zwei Gerichte plus Suppe und Dessert zu sehr sozialen Preisen anbietet, ist ein echter Geheimtipp.

Adresse Altstädter Kirchenplatz 6, 91054 Erlangen-Innenstadt | **ÖPNV** Bus 202, 205, 283, 287, Haltestelle Martin-Luther-Platz | **Tipp** Der Brunnen »Der Fischerknabe mit Hecht« befindet sich seit 1977 nebenan am Altstädter Kirchplatz. Schon anno 1886 war er über Bürgerspenden finanziert worden, bis 1953 stand er auf dem Bahnhofsvorplatz.

12 — Der Entlas-Keller
In der heiligen Unterwelt der Bierbrauer

Die Erlanger Bierbrauer waren einmal die Größten. Genauer gesagt: die größten Maulwürfe. Ab dem 4. November 1686 gruben sie sich im Jahr, als die ersten Hugenotten kamen, in den einheimischen Berg. Bis 1876 die Kältemaschine erfunden wurde und das Lagermonopol der Erlanger endete, gab es 16 Keller mit einer Gesamtlänge von 21 Kilometern zum Kühlen von Bier. Einer davon ist der Entlas-Keller, der im Gegensatz zum Rest den ganzen Sommer bewirtschaftet wird.

Wenn Bergkirchweih kurz vor Pfingsten startet, ist beim »Entla«, wie der Chef Friedrich Engelhardt genannt wird, der Biergarten mit 3.600 Plätzen rappelvoll. In seinem Keller stapeln sich dann Bierfässer und -krüge sowie Limo und Käse. Und es ist die Zeit im Jahr, in der der Chef, Jahrgang 1953, öfters mal nach unten geht, um im Naturlager mit acht Grad Celsius und hoher Luftfeuchtigkeit zur Ruhe zu kommen.

Zu Engelhardts Lieblingsbeschäftigungen gehört das Führen von Neugierigen durch die Erlanger Keller. Mit »Herrschaften« spricht er zu Beginn des Rundgangs die Teilnehmer an, die er dazu ermuntert, ihre »Zwetschger« (sprich: ihre Sinne) zu gebrauchen, wenn sie in die heilige Unterwelt der Bierbrauer gehen, der heute noch an einen Schweizer Käse erinnert. Sonntag um 11 Uhr geht es ans Eingemachte, weil Engelhardt keinen musealen Einheitstrip anbietet, sondern die Entführung ins Kellersystem zu einer Prozession macht.

Zuerst illuminieren noch Teelichter die Wände. Später animiert er zum Gang durch das Stockfinstere. Es winken magische Momente, wenn etwa durch einen Felsspalt die 53 Meter weiter oben stehende Abraham-Skulptur von Heinrich Kirchner zu sehen ist. Unten im Keller, dessen Eingang Friedrich Engelhardts Vater Heinrich 1950 wieder frei machte, steht eine kleine Kirchner-Plastik im Gewölbe. Und sie führt überzeugend vor Augen: Herrschaften, es kommt nicht auf die Größe an!

Adresse An den Kellern 5, 91054 Erlangen-Burgberg | **ÖPNV** Bus 288, 289, Haltestelle Essenbacher Straße | **Öffnungszeiten** Führungen April–Sept. So 11 Uhr, Kontakt und Infos unter Tel. 09131/22100 | **Tipp** Am Westrand des Burgbergs wurde von 1841 bis 1844 der erste bayerische Eisenbahntunnel gegraben. Er war 306,65 Meter lang und hat zwei unterschiedliche Eingangsportale. Durch den ICE-Streckenausbau musste er umgebaut werden.

… ERLANGEN

13 Das Erlanger Teehaus
Stilvoller Salon für Traumtänzer

Das Erlanger Teehaus hat etwas Heiliges. Das hat viel mit dem Ambiente zu tun, das vor knapp 15 Jahren bei der Übergabe vom Onkel zum Neffen aufpoliert wurde, weshalb mal der Name »neues Teehaus« kursierte. Dem Zufall wird hier nichts überlassen: Elegante Blumentapeten treffen auf gediegenes Bistromobiliar, Spiegel sind wohlplatziert, und erlesene Schmuckstücke, wie eine runde Grandhotel-Jugendstiluhr oder ein weißer Ziegenkopf, veredeln punktgenau die großen Salonräume.

Weil das Teehaus, dessen Wurzeln in die 1970er Jahre zurückreichen, trotz aller Perfektion Gemütlichkeit ausstrahlt, fühlt man sich sofort gut aufgehoben. Wer ein paar gepflegte Stunden mit Blick auf Grasgrün, Violett oder Purpurrot verbringen will, findet nichts Besseres. Das trifft auch auf das Frühstücksangebot zu, wo es elf Varianten auf der Karte gibt, die man nach Belieben anreichern kann. Early Bird und Dolce Vita sind ebenso vertreten wie Wellness und Mamma Mia, Elisa und Eros wurden auch schon gesichtet.

Wie wichtig Details und Sinnlichkeit sind, wird einem hier deutlich gemacht. Und trotz anderer Heiß- und Kaltgetränke ist der Tee das Herzstück im einstigen Teeladen geblieben. Es gibt ihn in vielerlei Couleur mit fast 60 Angeboten und mit Aussicht auf Entdeckungen. Umwerfend schmeckt zum Beispiel der »Traumtänzer«. Eine grün-weiße Mischung, die süßlich, würzig und pfirsichfruchtig die Geschmacksknospen betört. Serviert wird er klassisch: in einer weißen Kanne, auf einem Silbertablett, im Metallsieb, mit verschiedenen Kandissorten und Eieruhr.

Das ist Stil! Leicht britisch im französisch-mediterranen Kontext, der auch im Wintergarten blüht und im Garten ins Fernöstliche driftet. Unter dem Blätterdach der Bäume sitzen, umgarnt von Lichterketten und Efeu, steinerne Yogis, zwei am Rand eines ummauerten Miniteichs. Sie animieren zum Meditieren, am besten im Lotossitz. Na denn: namaste – Verehrung sei mit dir.

Adresse Friedrichstraße 14, 91054 Erlangen-Innenstadt | **ÖPNV** Bus 284, 285, 294, Haltestelle Obere Karlstraße | **Öffnungszeiten** Mo–Fr 9–22 Uhr, Sa 9–20 Uhr, So 10–19 Uhr, Infos über www.erlangerteehaus.de | **Tipp** Schräg gegenüber steht das 1722 erbaute Wildenstein'sche Palais, in dem die Volkshochschule der Stadt Erlangen residiert. Von 1889 bis 1964 war hier die »Uttenruthia zu Erlangen« ansässig, die 1836 gegründet wurde und als älteste nicht schlagende Studentenverbindung Deutschlands gilt.

ERLANGEN

14 Die E-Werk-Kellerbühne
Immer unter Strom

Der rote Blitz ist das Markenzeichen und ein Fingerzeig, dass dieses Haus noch immer unter Strom steht. Obwohl im Elektrizitätswerk an der Fuchsenwiese schon lange keine Generatoren mehr stehen. Deshalb residiert dort seit 1982 das Kultur- und Freizeitzentrum E-Werk. Und wenn man davorsteht, glaubt man es kaum, dass es 37 Jahre auf dem Buckel hat.

Im Laufe der Zeit hat sich einiges verändert. Türen wurden versetzt, Eingänge verlegt, Räume saniert, das Jugendhaus Fuxx angehängt. Und die Zeiten, als Ehrenamtliche die meiste Arbeit schulterten, sind vorbei. Um die 65 feste Arbeitskräfte, 60 Aushilfen, elf Azubis und zwei FSJler sorgen dafür, dass es im verzweigten Haus unter Leitung des langjährigen E-Werk-Geschäftsführers Berndt Urban läuft. Und das ist nötig, um über 600 Veranstaltungen im Jahr abzuwickeln, die von Konzerten über Partys, Workshops und Werkstattangeboten bis zum Biergartenbetrieb reichen. Nicht zu vergessen die 35 Übungsräume.

Obwohl manche etwas das kreative Chaos der Anfangszeit vermissen, gibt es genug Initiativen im Haus, wo sich 80 Ehrenamtliche des E-Werk-Trägervereins engagieren. Und ein Ort, wo viel Unerhörtes lauert, ist die Kellerbühne. Hier brodelt es in allen Schattierungen, ob bei Poetry-Slam, Kabarett, New Jazz, Diskussionen oder multimedialen Experimenten. Der tribünenartige Clubraum mit den engen Sitzgruppen auf schwarz-weißen Bodenfliesen sorgt für eine intime Atmosphäre und magische Momente.

Tagsüber ist diese Blackbox ein beliebter Treffpunkt, um zu plaudern, eine Partie Schach zu spielen oder in Ruhe zu lesen. Ältere Semester erzählen gern vom Jazzclub Pupille und vom Sesam, die einst im mittlerweile verblichenen Frankenhof die Keimzellen des E-Werks bildeten. Das heutige Programm muss sich aber nicht verstecken: Mehrfach erhielt das Kulturzentrum den deutschen Spielstättenpreis »Applaus« – zuletzt 2017.

Adresse Fuchsenwiese 1, 91054 Erlangen-Innenstadt, www.e-werk.de | **ÖPNV** Bus 252, 286, 287, 289, 293, Haltestelle Martin-Luther-Platz | **Tipp** Zwischen dem E-Werk und der Hauptstraße erstreckt sich der Altstadtmarkt, dessen Ladenmix sich seit Jahren wandelt; auch das Theater hat hier einen Stützpunkt.

ERLANGEN

15 Der Exerzierplatz
Zurück zur fränkischen Naturwüste

Bis weit ins 19. Jahrhundert regierte hier die Natur. Doch dann kamen 1893 die königlich-bayerischen Truppen – und so entstand der Exerzierplatz. 1945 kamen mit dem Einzug des US-Militärs die Ferris Barracks, die 1993 mit dem Abzug der GIs leer standen. Mit einem Schlag war so die Bahn frei für umwälzende Veränderungen.

In Erlangen entschied man sich für einen geradlinigen Weg, der stadtplanerisch an einen Zwitter aus amerikanisch und markgräflich erinnert und seit 1997 Röthelheimpark genannt wird. An die (militärische) Geschichte des Geländes wird schlaglichtartig auf glatten Steinblöcken eingangs des Grünstreifens erinnert, der bei der schnurgeraden Röthelheimallee beginnt.

Die Wiese wirkte etwas mickrig, weshalb sie mit einer riesigen Kopfskulptur angereichert wurde. Im Süden mündet das Alibi-Grün jedoch in ein 25 Hektar großes Gebiet, wo »Zurück zur Natur« angesagt ist. Hier darf sich eine »fränkische Wüste« ausbreiten, was nicht bedeutet, dass sich eine riesige Wanderdüne auf den Weg gemacht hat. Zwischen Magerrasen und Hecken gibt es vielmehr viele sandige Flächen, wo Silbergras wächst und Überlebenskünstler wie die Sandlaufkäfer herumkrabbeln. Auch Edellibellen namens Südliche Mosaikjungfer sind in diesem Biotop zu Hause, während Kreuzkröten in Tümpeln und feuchten Gräben Paarungsgesänge anstimmen.

Allein 380 Pflanzen, 172 Käfer- und 40 Vogelarten sollen im Exerzierplatz-Biotop leben. Durch Tafeln erfährt man genau, was in diesem Naturschutzgebiet so alles kreucht und fleucht. Auf der sandigen Joggingstrecke kann man Wissenswertes aufsammeln. Und manchmal blöken Schafe und meckern Ziegen dazu, weil das Gebiet in den Sommermonaten gern von Herden bevölkert wird, die mithelfen, dass das Gleichgewicht erhalten bleibt. Und mittendrin dürfen sich Schulklassen verewigen, wie die 8c des Fridericianums im Juli 2012 mit einem Insektenhotel.

Adresse Exerzierplatz, 91052 Erlangen-Süd | **ÖPNV** Bus 293, Haltestelle Fridericianum | **Tipp** Wer lieber hoch hinauswill, findet auf der Nordseite des Grünzugs bei der Allee am Röthelheimpark einen künstlichen Kletterfelsen des Alpenvereins. Dort lernt man unter fachmännischer Anleitung, wie man nach ganz oben kommt.

16 Das Experimentiertheater
Ein Blackbox, in der mal alles möglich war

Bier, Wasser, Cola oder ein Glas Wein? Mit einem Getränk, einem Lächeln und einer Umarmung werden alle Besucher begrüßt. Danke schön. Oder gehört die nette Geste zur Inszenierung? Das bleibt am Ende des Abends offen, und das ist okay, denn im Experimentiertheater des Instituts für Theater- und Medienwissenschaft darf es anders ablaufen als in normalen Schauspielhäusern. Die völlige Narrenfreiheit hat früher mal dazu geführt, dass ein Student 25 Tonnen Sand ins »Ex« kippen ließ. Seitdem ist der Spielraum ein bisschen kleiner geworden, aber nicht viel.

Beim Studenten-Stück, das mit dem Getränkewunsch beginnt, sitzt das Publikum frei Schnauze im Raum, hört Bekenntnisse von acht jungen Leuten, die am Abend vor der Aufführung das Konzept über den Haufen warfen, wie sie sagen, und ein Stück abliefern, das zwar multimedial angereichert ist, aber mehr einschläfert als aufregend wirkt.

Wie anders muss das zu der Zeit gewesen sein, als in den Jahren ab 1946 Studenten aller Fakultäten um Hanswalter Gossmann die Studiobühne aufbauten. Anfangs zur Selbstfindung, später als Mittel, um Neues auf die Bühne zu bringen. Das führte zu Provokationen, Internationalen Theaterwochen und Impulsen für den Profibühnenbetrieb. So inszenierte der blutjunge Claus Peymann 1965 als Gastregisseur die Uraufführung von Hans Henny Jahnns »Straßenecke«.

Der exzellente Ruf der Erlanger Studentenbühne führte 1968 mit dem Experimentiertheater zum ersten professionell ausgestatteten Theaterraum an einer deutschen Universität. Direkt neben dem Audimax befindet sich die 15 mal 17 Meter große Blackbox im Untergrund der Philosophischen Fakultät. Von 1970 bis 1995 leitete Holger Sandig den Betrieb und erlebte wilde Zeiten mit starkem Beifall und heftigen Buhs. Sein langjähriger Mitstreiter Rainer Lindenmann ist heute noch stolz, dass alle Schützlinge im Theaterbetrieb untergekommen sind.

Adresse Raum U 1.121, Bismarckstraße 1, 91054 Erlangen-Innenstadt, Infos unter www.theater-medien.de | ÖPNV Bus 289, Haltestelle Hindenburgstraße | Tipp Nur an der Uni in Regensburg gibt es ein baugleiches Experimentiertheater nach Erlanger Vorbild. Ansonsten gibt es das freie Ensemble der Erlanger Studiobühne weiterhin, es führt Stücke an wechselnden Spielstätten auf.

17 _ Das fifty fifty
Scharfzüngiges mit Hai-Tech-Flair

Man schrieb das Jahr 1988, als Andreas Büeler alles auf eine Karte setzte. Der gelernte Starkstromelektriker, Rockmusiker, Familienvater und Versicherungsvertreter baute in Sichtweite des Bahnhofs auf die Reste der Stadtmauer ein Haus mit Kleinkunstbühne. Auf die Idee hatte ihn der Erlanger Kabarettist Klaus Karl-Kraus gebracht. Und Büeler steckte neben seinem Ersparten viel Herzblut in das Podium mit rund 100 Plätzen. Da die Erfolgschancen bei höchstens fünfzig zu fünfzig standen, lag der Name auf der Hand: fifty fifty.

Ende 1989 drohte nach der ersten Saison und einem saftigen Minus die Pleite, weshalb Büeler den Kurs korrigierte. Ein gemeinnütziger Trägerverein wurde gegründet, damit Spenden und Zuschüsse einfließen konnten. Und Kabarett stand fortan im Mittelpunkt. Seitdem funktioniert es, abgesehen von einer Krise nach einem Diebstahl, die 2006 dank einer Spendenaktion der Kulturszene gemeistert wurde.

Heute befindet sich der »Bühnenverein«-Chef mit 70 Jahren weiter auf dem Weg in den dosierten Ruhestand. Unterstützt von einem elfköpfigen Team um Geschäftsführerin Meike Walter, kann er stolz darauf zurückblicken, dass er sie in über 30 Jahren alle auf seiner Bühne hatte. Von Hildebrandt über Harald Schmidt und Pelzig bis Lüdecke, Perlinger und Django Asül.

Seit 2001 ziert ein passendes Wandbild die Hausfassade, auf dem auch Lizzy Aumeier am Kontrabass, ein schief grinsender Bernd Regenauer und der schmunzelnde Fitzgerald Kusz verewigt sind. Es stammt von Thomas Richter, der auch die traum- bis märchenhaften Figuren gemacht hat, die auf der Südseite des fifty fifty am Hang stehen. Obwohl das grellbunte »Komödianten«-Stück aus Weißblech anfangs bei der Stadt auf Widerstand stieß, wird es längst allseits geliebt. Ebenso wie der silberne »Hai Tech«-Raubfisch, der unter dem steilen Dach baumelt. Er passt zum scharfen Gesamtkunstwerk.

Adresse Südliche Stadtmauerstraße 1, 91054 Erlangen-Innenstadt | **ÖPNV** Bus 254, Haltestelle Arcaden/Goethestraße | **Tipp** Das Sushi-Restaurant Haru unter dem fifty fifty versorgt nicht nur die Besucher der Kleinkunstbühne mit Essen und Getränken, es ist auch ohne Kabarett-Abend einen Besuch wert.

18 Die Fischerei
Schöne Karpfen-Grüße vom Aischgrund

Die Temperatur muss stimmen. Mindestens 20, besser 21 Grad Celsius, sonst könnte es passieren, dass es in zweieinhalb Jahren keine Karpfen bei der Familie Oberle gibt. In einem grünen Brutbecken hängen 2,7 Millionen Eier. Fünf Tage später werden es Fischlarven sein, die in einem speziellen Teich landen, in dem Weizen eingesät ist. Alles muss aber stimmen, besonders Sauerstoff und Bewegung, was Christoph Oberle, der Chef der Fischzucht Kosbach, traumwandlerisch im Griff hat. Das heißt: Sofern nicht Kormorane oder Wetterkapriolen in den nächsten zwei Sommern dazwischenfunken, sollte es auch im Herbst 2021 vom »Naturprodukt Karpfen« genug zu essen geben.

Die Fischerei residiert auf dem Hof der Familie Nützel-Oberle, der seit 1650 besteht. Die Nützels waren bis ins 20. Jahrhundert als Bauern tätig, der Einstieg in die Fischzucht erfolgte schrittweise. Ab 1901 kaufte man Teiche und legte Weiher an. Nachdem während des Ersten Weltkriegs der Preis für Fisch extrem angestiegen war, wurde expandiert und 1923 der Weiherhof gebaut. Trotzdem stand man vor und nach dem Zweiten Weltkrieg mehrfach vor dem Aus. Erst Christophs Vater Paul Oberle, der Sohn von Johanna Nützel und Georg Oberle, konnte nach seiner Fischereilehre das Geschäft richtig aufbauen. Mittlerweile hat der Familienbetrieb 100 Hektar Teichfläche angemietet, wovon die Hälfte in Kosbach liegt.

Eine Attraktion für Feinschmecker ist der kleine Hofladen, der neben Karpfen auch Saibling, Schleie, Zander, Barsch, Rotauge, Rotfeder, Wels und Hecht anbietet. Bei Hoffesten kann man hinter die Kulissen blicken. Eine Attraktion ist das schmucke Restaurant, das im Jahr 2000 im lang gezogenen Seitengebäude eröffnet wurde; nebenan wurde zwei Jahre danach am Weiher ein Pavillon errichtet. Auch dort erklärt der Chef mit der musikalischen Ader gern jedem, dass die Deckersweiher zum Aischgrund gehören.

Adresse Am Deckersweiher 24, 91056 Erlangen-Kosbach | ÖPNV Bus 287, Haltestelle Kosbach-Karauschenweg | Öffnungszeiten Mi 17.30–21 Uhr, Do–So 11.30–14 und 17.30–21 Uhr | Tipp Im Ortsteil Kosbach sind 2002 etliche historische Marterl aufpoliert worden. Und wer die Reste des prähistorischen Kosbacher Altars entdecken möchte, fährt durch den Wald nach Dechsendorf, wo auf halber Strecke ein Weg in den Wald führt (mehr dazu steht im Buch »111 Orte in Mittelfranken, die man gesehen haben muss«).

19 Das Flick-Werk
Neues Domizil für schwächelnde Drahtesel

Leichen liegen nicht mehr neben dem Eingang. Die Zeiten, in denen Drahtesel teilskelettiert, sattellos und platt vor einer Wellblechhütte darauf warteten, wiederbelebt zu werden, sind seit Juli 2017 vorbei: Die ehrwürdige Fahrradwerkstatt neben dem E-Werk-Parkplatz zog nach über 35 Jahren unten in den Neubau, den die Stadt für den Jugendtreff Fuxx errichtet hat. Und da es vor dem Haus mit der dunklen Holzlamellenfassade deutlich zivilisierter zugeht, hat es etwas gedauert, bis sich das Helferteam um Heiner Grillenberger an das Domizil gewöhnt hatte – und auch an den neuen Namen Flick-Werk.

Anfangs klebte sogar ein Zettel mit Aufschrift »Fahrradwerkstatt im E-Werk« an der Glastür, doch inzwischen wissen alle Bescheid. Alles läuft rund, was viel damit zu tun hat, dass der Raum zwar höher und größer ist, dass es zwei große Türen vorne und drei Fenster hinten gibt, doch geändert hat sich im Prinzip nichts. Sechs Reparaturplätze gibt es draußen, zehn innen. Felgen, Reifen und Rahmen hängen in allen Größen an Fleischerhaken, während in blauen Schränken zig Ersatzteile von Schrauben bis Speichen sind.

Ehrenamtliche Helfer sind wie gewohnt von Dienstag bis Samstag, meist in Dreierteams, vor Ort. Sie verleihen Werkzeug, geben Tipps und haben Ersatzteile. Meistens öffnet sich die Tür um 15 Uhr, Donnerstag erst um 17.30 Uhr – dafür bis 20.30 Uhr. Vor 18 Uhr ist selten Feierabend, weil irgendjemand immer noch was zu schrauben hat. Wie früher heißt auch die wichtigste Regel: Werkzeug muss dort reingelegt werden, wo es vorher war.

Gerade für schmale Studentengeldbeutel und Leute, die schnell einen Schlauch oder neue Bremsbacken brauchen, ist das Flick-Werk eine tolle Rettungsstation. Rund 20 Überzeugungstäter mit sozialem Gewissen schieben hier Dienst. Sie lästern schon mal – mit Vorliebe über Händler, die lieber verkaufen als reparieren …, aber das ist angesichts der heutigen Wegwerfgesellschaft schon okay.

Adresse Fuchsenwiese 1, 91054 Erlangen-Innenstadt | **ÖPNV** Bus 202, 252, 283, 287, 289, 290, 292, 293, Haltestelle Martin-Luther-Platz | **Öffnungszeiten** Di, Mi, Fr, Sa 15–18 Uhr, Do 17.30–20.30 Uhr | **Tipp** Die mobile Fahrradwerkstatt macht regelmäßig beim »CineStar« in der Nürnberger Straße am Beşiktaş-Platz Station.

ERLANGEN

20 Franconian International School

Weltoffene Botschaften in FIS-Dur

Dass hier einiges anders läuft, sieht man schon von außen. Ein Meer von kleinen, internationalen Flaggen ziert in Grautönen die Fassade des Gebäudes, das vielfach Einblicke ins Geschehen dieser Schule mit Kindergarten erlaubt. Besonders auffällig auf der Seite an der Röthelheimallee, wo im oberen Stockwerk große Kuben als gläserne Klassenzimmer herausragen. Das Gefühl von Weltoffenheit prägt das Konzept der Franconian International School, die kurz FIS genannt wird. Dazu gehört die Sprache Englisch, die zwischen den 2008 errichteten Mauern konsequent gesprochen wird. Diese Entscheidung hat vor allem damit zu tun, dass die von einem Verein getragene Einrichtung primär von Kindern besucht wird, deren Eltern bei international operierenden Arbeitgebern im Großraum tätig sind.

Rund 40 Nationen von Australien über China, Italien und Japan bis zu den USA sind vertreten, etwa 30 Prozent sind Deutsche. Beim Auswahlverfahren spielt der internationale Hintergrund eine wichtige Rolle. Folglich sieht sich die FIS »nicht als Konkurrenz, sondern als Ergänzung« zum bestehenden Bildungssystem. Im hinteren Stück der Allee am Röthelheimpark hat die Schule, deren Anfänge in Herzogenaurach lagen, ein passendes Grundstück für den Neubau gefunden.

Der hauseigene Kindergarten hat 100 Plätze, rund 480 Kinder besuchen die Schule, an der nach Lehrplänen unterrichtet wird, die zum sogenannten »IB« führen, dem Internationalen Abitur. Zu dessen Verleihung tragen die Absolventen schwarze Roben und spezielle Hüte, typisch amerikanisch also. Und wer das zweigeschossige Gebäude inspiziert, was bei Festen, Veranstaltungen oder am Tag der offenen Tür möglich ist, dem fallen neben den hellen Räumen einige Schlagworte auf, die groß an den Wänden stehen: »tolerance«, »fairness« oder »discovery« zum Beispiel. Die Botschaften haben eine angenehme Tonart – in Richtung FIS-Dur.

Adresse Marie-Curie-Straße 2, 91052 Erlangen-Ost, www.the-fis.de | **ÖPNV** Bus 294, Haltestelle Marie-Curie-Straße | **Tipp** Zwei Querstraßen nördlich residiert am Ende der Artilleriestraße die ebenfalls privat geführte Montessorischule. Ein Besuch des umgebauten Backsteinbaus an einem Tag der offenen Tür lohnt sich auch hier.

ERLANGEN

21 Der Gummi Wörner
Ein perfekt unperfektes Gesamtkunstwerk

Der Schriftzug allein ist schon eine Schau. Weil in der schwungvollen Eleganz das Wirtschaftswundergefühl der 50er Jahre steckt. Klar, dass Alex Jordan 2011 das Logo behielt, als er den 2008 geschlossenen Eckladen von Gummi Wörner übernahm und eine Bar einrichtete. Keine gewöhnliche, sondern eine mit Kunst- und Kulturbetrieb, die gern mit Disco und Überraschungen angereichert wird. Und das nicht nur, wenn am Berch die Kärwa, der Comic-Salon, das Poetenfest oder der Altstädter Weihnachtsmarkt laufen.

Dass dieser Gummi Wörner Kult-Status genießt, hat viel mit dem Gesamtkonzept zu tun, das auf das Perfekt-Unperfekte setzt. Dazu gehören tierische Szenarien, die Jordans Bruder Michael mit dickem Strich comicartig an die Wände gepinselt hat. Ein Mann mit Schweinehundvisage und Fun-Anstecker steht neben einer Dame mit aufreizend üppigem Vorbau, während sich eine Frauenhand einer Herrenhosentasche nähert und Affen neugierig herumklettern. Lauter Blickfänge, die Geschichten anreißen und die Phantasie beflügeln. Passend hinterlassen rosa und lila Lampen erotisierende Lichtspritzer an Wänden, Mobiliar und der Theke, wo helle Strahler schnurstracks nach unten baumeln und bevorzugt Bier und Cocktails getrunken werden.

Alles hat das Zeug zum Kunststück. Auch die Vitrine am Eingang mit der grazilen Blumenmusterglastür, in der schon Spezialreiniger-Kanister inszeniert wurden. Wer tiefer ins Innere eintaucht, stößt im Hinterhof auf ein Sitzsammelsurium, das von Ohrensesseln über Chromhocker und Autositzbank bis zu Meditationskissen reicht. Zudem findet man Spuren aus der Zeit der Kolonialwarenhandlung, die zuerst in dem klassizistisch angehauchten Gebäude ansässig war. Was bei Tageslicht nach Sperrmülllager aussieht, wird nachts zum Edelseparee. Wenn dann an »Gummi Zelle«-Abenden die Rhythmen pulsieren, geht im coolen Gewölbekeller die Post ab. Gebt Gummi, Leute!

Adresse Hauptstraße 90, 91054 Erlangen-Innenstadt | **ÖPNV** Buslinien 202, 252, 283, 287, 289, 290, 292, 293, Haltestelle Martin-Luther-Platz | **Öffnungszeiten** Di–Sa ab 20 Uhr | **Tipp** Wer zwischen zwei Cocktails Hunger verspürt, kann ihn nebenan im Kapadokya Kebabhaus am Martin-Luther-Platz bis Mitternacht stillen – das Speisenangebot ist vielfältig.

22 Der Himbeerpalast
Zartrote Siemens-Zentrale mit Uni-Perspektive

Berlin, Berlin, man denkt an Berlin, wenn man vor dem hellrot verputzten Siemens-Hauptquartier steht. Das ist kein Zufall, denn der Gebäudekomplex wurde von Hans Hertlein, dem Hausarchitekten des Unternehmens, entworfen. Der von 1948 bis 1953 errichtete Stahlbetonbau hätte so ähnlich in der Berliner Siemensstadt der 1920er Jahre stehen können – Form und Funktion sind gut miteinander verbandelt.

Die zartrote Zentrale wirkt trotz ihrer Größe nicht klotzig, sondern sympathisch. Kein Wunder, dass sich schnell der Spitzname Himbeerpalast einbürgerte. Heute ist es schwer vorstellbar, dass einmal alle Geschäftsbereiche reingepasst haben. Gegenüber steht ein 15-stöckiges Bauwerk, das »Glaspalast« heißt, nebenan schließen sich die lang gezogene »Banane« und das sogenannte »Kaufhaus« an – und um die Ecke befinden sich die modernen Medizintechnikbauten.

Rund 25.000 Siemensianer gibt es insgesamt in Erlangen, etwa zehn Prozent davon arbeiten im vier- bis siebenstöckigen Himbeerpalast-Karree mit den markanten Türmen und zwei Innenhöfen. Im Haus stolpert man drüber, dass sich die Ebene zwei im Erdgeschoss befindet – schuld ist das Berliner Vorbild. Auch der amtierende Vorstandsvorsitzende hat hier ein eigenes Büro: Zimmer 3035, im Halbrundbau, umgeben von Marmorboden, Wendeltreppe und einer Werner-von-Siemens-Büste. Weil der Vorstandsparkplatz gut einsehbar ist, wissen Erlanger flugs, wenn Oberboss Joe Kaeser im Haus ist (was aber selten der Fall sein soll …).

Einen großen Vortragssaal, in dem Bilanzen ebenso wie Theaterstücke präsentiert werden, hat der Himbeerpalast auf der Südseite. Eine weitere Bühne ist im Souterrain, die bei der »Nacht der Wissenschaften« gern bespielt wird. Man darf gespannt sein, was im denkmalgeschützten Haus, das die Universität bereits gekauft hat, passieren wird, wenn die Philosophische Fakultät einzieht. Voraussichtlich 2024.

Adresse Werner-von-Siemens-Straße 50, 91052 Erlangen-Ost | **ÖPNV** Bus 286, 287, 296, Haltestelle Siemens-Verwaltung | **Tipp** Eine grandiose Bodenplastik steht nebenan direkt unter dem »Glaspalast«, die einen Mikrochip darstellt. Am besten erkennt man das von oben.

ERLANGEN

23 — Der Hugo
Beruhigender Blick auf das Herz der Planstadt

Am Hugo schlägt das Herz von Erlangen: Hier treffen Haupt- und Universitätsstraße zusammen, hier starten und enden alle Busse, hier grüßen Bahnhof und Fußgängerzone um die Ecke. Doch eine Schönheit ist der Hugenottenplatz, wie er offiziell heißt, immer noch nicht. Zu grau, zu öde, zu funktional. Also gibt es nur einen Ausweg: Man muss den 52 Meter hohen Turm der Hugenottenkirche hochsteigen und unterhalb der welschen Haube den Hugo von oben genießen.

Das geht eigentlich ganz einfach. Man braucht nur höflich im Pfarramt der evangelisch-reformierten Gemeinde anzuklopfen, schon darf man mit einem Schlüsselbund in der Hand hoch. Zuerst 58 knarzende Schritte bis zur ersten Tür. Danach folgen 77 Stufen bis zum Geläut, wo eine große und zwei kleine Glocken baumeln (die rechte ist von Weihnachten 1938!). Zuletzt sind noch 38 schmale Stufen bis zur Turmgalerie zu bewältigen und die graue Tür zu öffnen: Dann steht man auf der Aussichtsplattform in 40 Metern Höhe – und Erlangen liegt einem zu Füßen.

Was für eine Ruhe. Das ist das Erste, was einem auffällt. Und dass die Stadt grüner ist, als man unten immer meint. Dann sticht einem die klare Gliederung ins Auge, die vor über 300 Jahren Markgraf Christian Ernst von Brandenburg-Bayreuth mit seiner geradlinigen, rechtwinkligen Vorstellung von einer idealen Barockstadt vorgegeben hatte. Rote Dächer, helle Fassaden, schmale Straßen, eher kleine Häuser. Nur Schloss und Kollegienhaus fallen aus dem Raster.

Es ist ein in sich geschlossenes Weltbild, das die Erlanger Neustadt, die nach dem verheerenden Brand von 1700 ganz neu entstanden ist, heute noch unübersehbar vermittelt. Beim Blick runter auf die Verkehrsdrehscheibe des Hugo sieht man fünf Businseln, vier Wartehäuschen, zehn Bäume, einen Brunnen, ein paar Imbissbuden und gehende Menschen, die an Ameisen erinnern. Das wirkt irgendwie beruhigend.

Adresse Hugenottenplatz, 91054 Erlangen-Innenstadt, Kontakt zur evangelisch-reformierten Kirchengemeinde, Bahnhofplatz 3, über Tel. 09131/22164 | **ÖPNV** Fast alle Busse halten hier, Haltestelle Hugenottenplatz | **Tipp** Die Hugenottenkirche wirkt auf den ersten Blick schmucklos, doch die Konzentration auf das Wesentliche macht das Oval mit den zwölf Säulen sehenswert, auch die Akustik ist sehr ansprechend.

24 Das Kanapee
Zeitloses Wohnzimmer für Erstsemester

Der Name ist eine Mogelpackung, denn Kanapees findet man in dieser labyrinthisch verzweigten Gastwirtschaft nicht. Höchstens drei harte Sofas, auf denen niemand ernsthaft sitzen will. Denn das Kanapee ist wie das Studentenleben: kein Honigschlecken, sondern eher hart, selten herzlich. Deshalb sind hölzerne Stühle, Tische und rustikale Biergartengarnituren angesagt. Und passend zum schlichten Ambiente wirken die Preise ausgesprochen geldbeutelfreundlich. Eine ordentliche Pizza unter fünf Euro zum Sattwerden. Kein Wunder, dass das Kanapee den Ruf einer heimlichen Studentenmensa genießt – und das seit über fünf Jahrzehnten.

300 Leute finden Platz, was man der Eckhauskneipe von außen nicht zutraut. Kunstkniff: Das seit 1991 amtierende Pächter-Trio Marko und Jorgos Liapouris sowie Martin Segler hat einfach den Bier- zum Wintergarten gemacht. Durch wechselnde Aktionen, zu denen der Blue Monday ebenso gehört wie Fußball-Übertragungen, ist das Kanapee für Erst- wie höhere Semester zu einer Art Wohnzimmer geworden. Zur Auflockerung kann man zwischendurch im Separee eine Runde Billard, Kicker oder Flipper einlegen.

Zwischen alten blechernen Blendax- und Brauerei-Werbeschildern wechseln im Kanapee die Generationen wie auf Knopfdruck. Und die wenigsten ahnen etwas von der bierfidelen Geschichte des Gebäudes, das 1786 errichtet wurde. Es gehörte zum legendären Erlanger »Brauereiweg«, wo Johann Wörnlein als Erster Bier und Branntwein herstellte. Nach ihm kam Paul Eben, bevor 1858 die Holzberger Bräu den Betrieb übernahm (natürlich samt dem Keller oben am Burgberg) und die Familie hier lange Bier braute.

Als im 20. Jahrhundert der Export sank und die Konkurrenz zunahm, stellte Sohn Christian Holzberger den Brauereibetrieb ein. Wohnungen kamen in die Werkshallen, die Gaststätte blieb bestehen. Tja, dieses Kanapee scheint unverwüstlich zu sein. Vermutlich noch ein paar hundert Jahre.

Adresse Neue Straße 50, 91054 Erlangen-Innenstadt | **ÖPNV** Bus 288, Haltestelle Maximiliansplatz / Kliniken | **Öffnungszeiten** täglich 18–1 Uhr | **Tipp** Im Umkreis befindet sich die riesig verzweigte Universitätsklinik. Über die Östliche Stadtmauerstraße kommt man zur Frauenklinik, wo am 16. April 1982 das erste Retortenbaby in Deutschland zur Welt kam – eine vier Meter hohe Paar-Skulptur von Stephan Balkenhol weist an der Ecke zur Universitätsstraße den Weg.

ERLANGEN

25 — Der Kirchner-Garten
Traumhaft verzaubert

Sie empfangen einen mit offenen Armen und viel Hallo. Links der Wächter im Garten Eden, rechts Prometheus, um die Ecke der Mann im Boot und der Friedensbote. Sie scheinen zu sprechen, lautlos natürlich, aber voller Hoffnung und Zuneigung. Auf den ersten Blick wirken die dunklen Gestalten mit den rundlichen Gesichtern und den ellenlangen Armen und Beinen naiv. Doch das ist nur der Dreh, um die Besucher zu verzaubern.

Die 18 Bronzegroßplastiken des in Erlangen geborenen Künstlers Heinrich Kirchner (1902–1984) haben irgendwie etwas Magisches. Und es war eine wunderbare Idee, den alten Obstgarten am Burgberg mit Hauptwerken Kirchners aus den Jahren 1935 bis 1982 anzureichern. Sie wurzelte in der Reihe »Grün in Erlangen« anno 1976. Zu Kirchners 80. Geburtstag am 12. Mai 1982 wurde Eröffnung gefeiert. Erlangens damaliger Oberbürgermeister Dietmar Hahlweg schaffte es mit dem Skulpturenprojekt, eine Bebauung des Südhangs dauerhaft zu verhindern. Chapeau!

Beeindruckend ist im Kunstgarten, wo anfangs auch das Poetenfest gastierte, die Umsetzung gelungen. Perfekt hat man die einzelnen Figuren am Hang platziert. Je nach Jahreszeit sind sie mehr oder weniger von Natur umgeben und unterschiedlich präsent. So kann man sie stets aufs Neue entdecken: mit fröhlichem Vogelgezwitscher und frischem Grün im Frühjahr, farbenprächtig umblüht im Sommer und von buntem Laub flankiert im Herbst. Zwischendurch stecken Scherzkekse Figuren auch Äpfel zwischen die Finger. Besonders poetisch kann es im Winter werden, wenn Schnee und Frost die Wächter, Verkünder, Schreitenden oder Sitzenden mit weißen Hauben und Eiszapfen verzieren.

Für viele sind Kirchners Skulpturen so etwas wie Freunde geworden. »Wanderer – Er sieht das helle Licht«, steht ganz oben auf dem Sockel einer Riesenfigur. Mit hocherhobener Hand winkt sie nach unten. Es wirkt wie ein ewiger Gruß an die Stadt.

Adresse im Burgberggarten, 91054 Erlangen-Burgberg | ÖPNV Bus 288, 289, Haltestelle Essenbacher Weg | Tipp Führungen durch den Kirchner-Garten können über die TouristInformation Erlangen unter Tel. 09131/89510 gebucht werden. Tipp In der Nähe befindet sich das italienische Restaurant Osteria La vita è bella an den Kellern 30, das nicht nur einen großen Garten, sondern auch feine Speisen hat.

ERLANGEN

26 — Der Kraftwerksschlot
Was für eine Erleuchtung!

Mausgrau stand er fast fünf Jahrzehnte im Zentrum von Erlangen. 140 Meter hoch, aber alles andere als eine Attraktion. Der Kraftwerksschlot war ein notwendiges Übel, fertig. Doch dann kam das 50-jährige Jubiläum der Erlanger Stadtwerke im Jahr 2017, und deren Chef Wolfgang Geus machte sich Gedanken, wie ein Highlight für das Jubiläum aussehen könnte. Dabei kam ihm eine Art Erleuchtung, zu der ihn ein illuminierter Kamin in Saarbrücken inspirierte.

Warum nicht auch mal temporär den ollen Kraftwerksschlot in den Mittelpunkt rücken? Geus fackelte nicht lange, ließ zwölf Strahler mit LEDs anbringen, mit denen man ein helles Spektakel komponieren kann. Premiere war in der Silvesternacht 2016, die Begeisterung war enorm. 15.000 Likes von der Facebook-Gemeinde sorgten dafür, dass aus dem Sieben-Tage-Event zuerst zwei Wochen und dann ein Jahr und zwei Monate wurden. Im Februar 2018 brachten Bedenkenträger, vor allem mit Verweis auf die Vögel, die Light-Show vor Gericht.

Die Spots mussten ausgeknipst werden, es wurde eifrig diskutiert – über den Reiz von himmelhoch jauchzender Kunst und vermeintliche Energieverschwendung. Nach knapp neun Monaten Auszeit durfte die kleine Nachtlichtmusik im November 2018 wieder angehen. Allabendlich leuchtet der Schlot mit dem Einschalten der Straßenlampen bis Mitternacht und morgens ab fünf – und das im wechselnden Spiel der Farben.

Meistens dominieren fein gemixte Blau-, Grün- und Violetttöne, manchmal auch ein herzhaftes Rot wie am Valentinstag und Rosa am Christopher-Street-Day. Der Tribut an den Naturschutz sind zwei lange Auszeiten, vom 1. März bis Ende Mai und von Anfang August bis Ende Oktober. Vier flexible Joker-Tage hat die Regierung von Mittelfranken aber pro Jahr genehmigt. Einer ist fix für den 16. Mai reserviert, den Tag des Lichts. Da wird der Schlot ganz besonders schön strahlen.

Adresse Äußere Brucker Straße 33, 91052 Erlangen-Innenstadt | **ÖPNV** Bus 284, 285 und 294, Haltestelle Baumwollspinnerei | **Tipp** Nebenan befinden sich die Erlanger Arcaden – ein gläsernes Einkaufszentrum mit vielen Läden und Filialen von Ketten, das aber eine eigene Note besitzt.

27 Das Lamm
Das Schuhschachtelkino lebt!

Schlauchig ist der Gang zum Lamm. Und am Ende leuchtet »Lichtspiele« in schwungvollen Lettern. Ein deutliches Signal, dass es dieses Kino schon lange gibt. Genau seit 27. September 1919, nachdem die Nürnberger Kinobetreiberfamilie Heydecker im Pferdestall des Gasthofs Weißes Lamm die »Kammer-Lichtspiele« eingerichtet hatte. Nach mehreren Inhaberwechseln kam im November 1924 das Lamm in den Namen des Kinos, das derzeit das älteste der Stadt ist.

Der entscheidende Neuansatz folgte 1998. Nach dem Ufa-Abgang übernahm mit Peter Zwingmann ein Cineast das Haus. Seitdem regiert in den zwei Sälen mit 117 und 55 Plätzen die Filmkunst. Das heißt: europäische Filme der anspruchsvollen Art statt Hollywood-Blockbuster. Zur Belohnung wird das Lamm seit 2000 mit bayerischen und deutschen Preisen überhäuft. Das Konzept lief so gut, dass 2007 ein zweites Standbein mit dem Manhattan-Kino gegenüber den Erlanger Arcaden hinzukam, das der Nürnberger Cinecittà-Chef Wolfram Weber abgab. So konnte Zwingmann dem CineStar-Multiplex an der Nürnberger Straße mehr Paroli bieten – allerdings nur zehn Jahre, denn 2017 holte sich Weber das Manhattan zurück und modernisierte es aufwendig.

Das hat für viele Diskussionen gesorgt. Der Förderverein setzt sich weiter unter dem Motto »Das Lamm muss laufen!« für Qualität und Vielfalt im Kino ein. Regisseure und Schauspieler werden zu Gesprächen eingeladen, im Sommer hilft man bei der Organisation der Freiluftfilmfestivals bei der historischen Bleiche an der Schwabachanlage. Da Qualität entscheidend ist, wurde 2012 über 172 Stuhlpaten neues Sitzmobiliar finanziert. Ansonsten sorgen Sonderveranstaltungen (wie zum Comic-Salon), spezielle Reihen und die beliebten Kurzfilme, aber auch der museale Eingangsbereich und das dezent auf modern getrimmte Café dafür, dass dieses wunderbare Schuhschachtelkino lebt. Hoffentlich noch lange!

Adresse Hauptstraße 86, 91054 Erlangen-Innenstadt, www.lamm-lichtspiele.de | ÖPNV Bus 283, 287, 289, 293, Haltestelle Altstadtmarkt | Tipp Nicht weit weg, in der Hauptstraße 72, befindet sich die Neue Galerie des Kunstvereins Erlangen e. V., wo interessante Einzel- und Gruppenausstellungen präsentiert werden.

28 — Der Lorlebergplatz
Runde Sache mit Vorfahrt für Radler

Er sollte eine runde Sache werden. Nachdem ab 1890 ringsherum stattliche Häuser entstanden waren, erfolgte 1897 die Gestaltung des Rondells am Ende der Universitätsstraße. Ein elf Meter hoher Obelisk zu Ehren von Kaiser Wilhelm I. wurde in der Mitte der Fläche verankert, die Kaiserplatz getauft wurde. Am Obelisk brachte man vier Bronzereliefs an, die 1942 für Waffen eingeschmolzen wurden. Das Ende des Zweiten Weltkriegs sorgte dann für gravierende Einschnitte: Zur Erinnerung an Oberstleutnant Werner Lorleberg, der Erlangen vor einer größeren Zerstörung bewahrte, indem er die Stadt am 16. April 1945 kampflos an die USA übergab, wurde das Areal im November 1945 nach ihm benannt.

Ein gutes halbes Jahr danach verschwand der Obelisk. Und danach hat es immer wieder Diskussionen über die Frage gegeben, was mit der Mitte des Platzes passieren soll. 1999 stand sogar ein bunter Obelisk zur Abstimmung, die Bürger lehnten ihn ab. 2006 durfte der Nürnberger Kunstakademieprofessor Ottmar Hörl temporär ein Gewächshaus aufstellen, doch auf den Stein der Weisen und die Umsetzung eines Gestaltungswettbewerbs wartet man weiter.

So dürfen zwischen Rasen und akkurat geschnittenem Heckenring exotische Blumen an exponierter Stelle blühen. Und eine Tafel erinnert an Lorleberg und seine Entscheidung, die er mit dem Leben bezahlte. Seinen Namen tragen ein Restaurant und der »Lorlebäck«, neben dem Kaiser Wilhelm in Form einer Gaststätte präsent ist. Gegenüber der Schnitzelhochburg residiert ein irisches Pub, flankiert von Kopierladen, Friseur, Kosmetiksalon und Mohren-Apotheke, die 1907 per Losentscheid hierherziehen durfte.

Ein Fall für sich ist übrigens die Verkehrsregelung: Da das Rondell als Stadtplatz und nicht als Kreisverkehr ausgewiesen ist, gilt hier rechts vor links. Das wissen vor allem viele Radfahrer nicht, aber die haben in Erlangen ja eh fast überall Vorfahrt.

Adresse Lorlebergplatz, 91054 Erlangen-Innenstadt | **ÖPNV** Bus 289, 293, Haltestelle Lorlebergplatz | **Tipp** Einen Steinwurf südlich gibt es mit dem »Brazil« ein sympathisches Kneipen-Café. Abends winkt schräg gegenüber die Kneipe »Murphy's Law«, die nicht nur bei Fußballfans und Juristen mit Hang zum Fatalismus beliebt ist.

29 Das MedMuseum
Meilensteine von Reiniger bis Healthcare

Am Anfang war der Zahnschmerz. Wer das nicht glaubt, muss bei Werner von Siemens genauer hinschauen oder besser zuhören. Aus einem Minilautsprecher erfährt man diese Geschichte aus dem Jahr 1844, als Werner, der Forscher, seinen Bruder Friedrich mit elektrischem Strom kurieren wollte. Ziemlich irre, wie nach dem Prinzip der Voltainduktion der schmerzende Zahn mit Strom bombardiert wurde.

Da der Patient zumindest temporär Linderung verspürte, war das Experiment ein wichtiger Schritt zur Erfindung der Reizstromtherapie. Ein Stück Geschichte der Medizintechnik, die in diesem Haus aus der Perspektive von Siemens erzählt wird. Und das multimedial angereichert mit Schautafeln und Hörstationen, Büsten, Bildern und Originalgeräten.

Der Weltkonzern hat 2014 im Erdgeschoss des denkmalgeschützten Klinkerbaus das modern gestylte MedMuseum eingerichtet. Der angehängte Betonkubus mit der rostig-markanten Cortenstahlfassade zeigt optisch Kante im »Museumswinkel«, den die Stadt Erlangen 2000 von der Siemens AG gestiftet bekam. Ab 1892 hatte einst mit den Vereinigten Physikalisch-Medizinischen Werkstätten Reiniger, Gebbert und Schall (RGS) der in den 1920er Jahren sukzessive übernommene Vorläufer der Siemens Medizintechnik residiert.

Im MedMuseum werden medizinische Meilensteine präsentiert: in Etappen, im Zeitraffer und mit wichtigen Köpfen, wie dem Röntgenpionier Friedrich Dessauer. Im Vorübergehen wird der Wandel von RGS zu SHC (Siemens Healthcare) dokumentiert. Das Spannungsfeld »Fluch und Segen der Technik« wird nicht ausgespart – gerade beim Thema radioaktive Strahlen, wo Zeitungsausschnitte dokumentieren, wie ungeschützt anfangs Röntgenbilder gemacht wurden. Ansonsten begegnet man Tomografen, Herzschrittmachern, Hörgeräten und Zahnarztstühlen im Wandel der Zeit. Und dem »Pantostat« von 1920 – das Reizstromtherapiegerät war nur kurz auf dem Markt.

Adresse Gebbertstraße 1, 91052 Erlangen-Süd | ÖPNV Bus 209, 285, 293, Haltestelle Zollhaus | Öffnungszeiten Di–Fr 10–17 Uhr, Sa 11–19 Uhr, der Eintritt ist frei | Tipp Im denkmalgeschützten Gebäude befindet sich außer dem städtischen Kulturreferat ein multikultureller Mix aus Vereinen, Initiativen und dem Stadtarchiv – diese Nutzung für 30 Jahre war eine Auflage von Siemens.

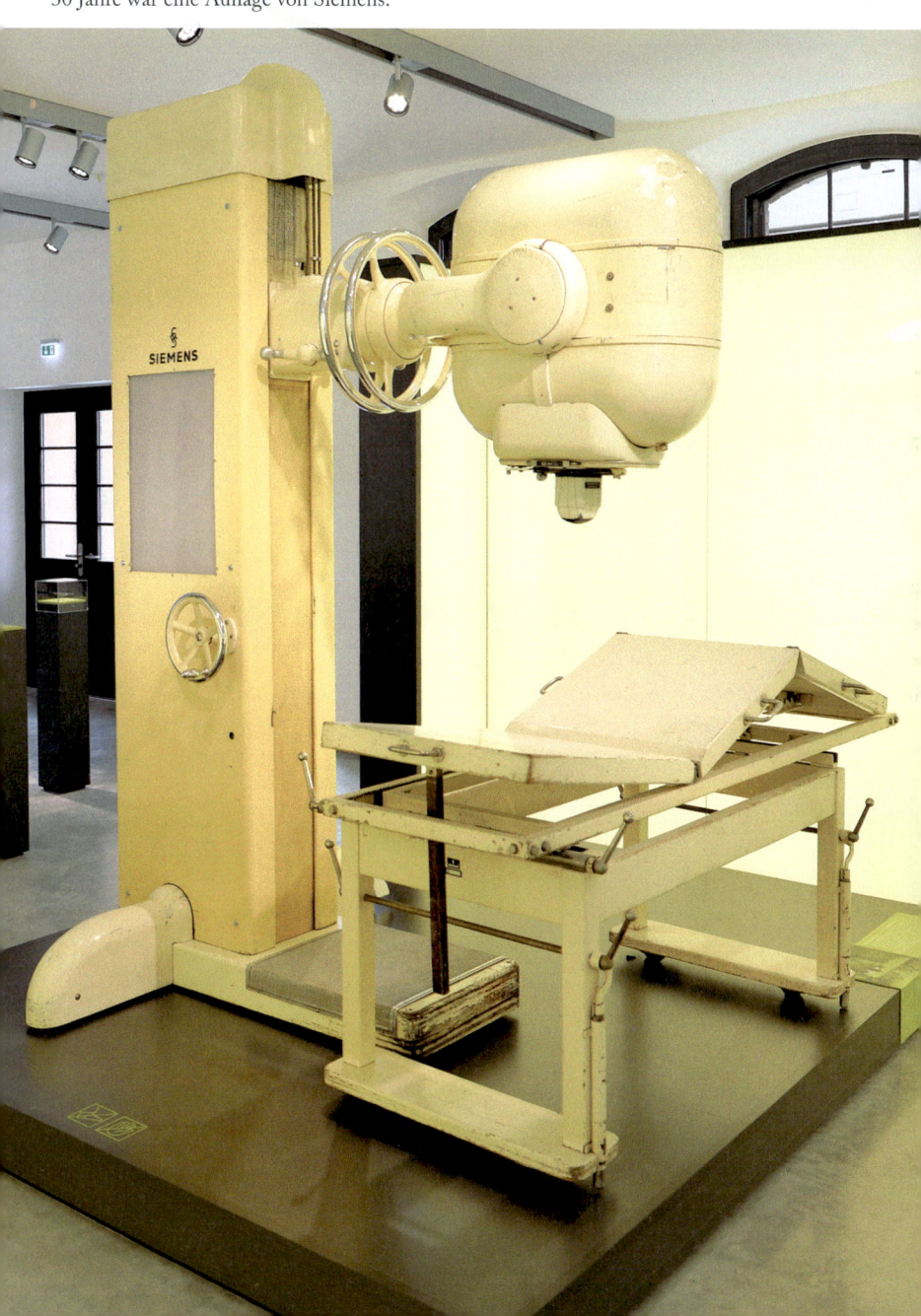

30_ Der Meilwald

Verschlungene Pfade rund um das Café Hühnerstall

Der Meilwald ist das Erlanger Eldorado für alle, die mal schnell ein paar Schritte im Grünen machen wollen. Neben dem Burgberg geht es in den Forst, wo man ein unglaublich dichtes, in sich verschlungenes und gut beschildertes Wegenetz findet, das viele Formen der nicht motorisierten Fortbewegung erlaubt. Man begegnet entspannten Radlern ebenso wie sportlichen Mountainbikern, Feierabendjogger sind ebenso unterwegs wie Nordic-Walking-Cliquen und ambitionierte Laufgruppen. Zwischen den vielen Pfaden gibt es sogar Reitwege und einen Trimm-dich-Pfad, der nach gut vier Jahrzehnten noch ordentlich in Schuss ist.

Der Meilwald ist auch ein guter Ausgangspunkt für größere Wanderungen. Mehrere markierte Rundwege führen in die Umgebung, wo man über Sieglitzhof, Spardorf und Atzelshof zwei, drei Stunden marschieren kann. Die längste Route führt über 82 Kilometer Länge und ein blaues Kreuz nach Bayreuth. Sehr professionell markiert, da kann nichts schiefgehen.

Dass es ab und zu knallt, hat einen einfachen Grund: das ehrwürdige Waldschießhaus, das samt Schießplatz mitten im Meilwald liegt. Gleich daneben residiert eine abenteuerliche Jugendfarm, die auf eine 1973 gegründete Elterninitiative zurückgeht. Zwischen Reit- und Tarzanbahn locken kreative Spielplätze, Ferienaktionen und nicht zuletzt das tierische Café Hühnerstall. Mehrere Generationen Stadtkinder haben auf der Modellanlage für ganz Bayern, die von einem Verein getragen wird, spielerisch gelernt, wie man Feuer macht, Ställe ausmistet und sich im Wald daheim fühlt. Nach einem Brand mussten Teile erneuert werden.

Der Name beruht im Übrigen auf zwei Quadern, die den Wald begrenzen. Obwohl er durch Waldkrankenhaus, Wohnstift oder Siedlungsprojekte mehrfach beschnitten wurde, hat ihn die Stadt Erlangen nie hergegeben. Gefeiert wird hier heute noch gern, das große Meilwaldfest gibt es aber nicht mehr.

Adresse der Meilwald liegt oberhalb der Spardorfer Straße, die Jugendfarm hat die Adresse Spardorfer Straße 82, 91054 Erlangen-Burgberg | **ÖPNV** Bus 288, 289, Haltestelle Adalbert-Stifter-Straße | **Tipp** Die Kunst des Bogenschießens kann man auf der Anlage neben dem Waldschießhaus beobachten – und das ohne lautes Knallen.

ERLANGEN

31 Die Neischl-Höhle
Tropfsteine mit Bären im Botanischen Garten

Seit 185 Jahren gibt es den Botanischen Garten, der zu den Lieblingsorten vieler Erlanger gehört. Eine Runde durch die Gewächshäuser und das Flanieren vorbei an Beeten, Baumpfaden und Pflanzen aus aller Welt gehören zu den Ritualen, die allseits gepflegt werden. Und da die Anlage sehr zentral liegt und an den Schlossgarten grenzt, schaut man auch mal spontan vorbei.

Dennoch ist es gut möglich, dass eine besondere, etwas versteckt gelegene Attraktion des Botanischen Gartens von so manchem bisher unentdeckt geblieben ist, zumal sie nur in der wärmeren Jahreszeit jeden Sonntag ab 14 Uhr zwei Stunden geöffnet ist: die Neischl-Höhle, die der Forscher Adalbert Neischl am 4. November 1907 der Erlanger Universität zum 164. Gründungsjubiläum schenkte.

Das Irre daran ist: Es handelt sich um den Nachbau eines geologischen Schichtenmodells des Frankenjura samt Tropfsteinhöhle, den Neischl anno 1906 für die Bayerische Landesausstellung in Nürnberg konstruiert hatte. Dort stieß sein Modell im Maßstab 1:100 auf so großes Interesse, dass er das Ergebnis seiner naturwissenschaftlichen Forschungen danach auf eigene Kosten im Erlanger Botanischen Garten aufbaute.

Im Laufe der Zeit zerfiel jedoch die Holzkonstruktion, sodass eine stützende Betondecke eingebaut werden musste. Trotzdem wurde die Präsentation immer problematischer, weshalb 2005 ein Neuansatz notwendig war. Der Freundeskreis Botanischer Garten Erlangen übernahm für 30 Jahre das Baudenkmal und brachte 250.000 Euro für eine umfassende Sanierung zusammen. Seit 2007 ist die Neischl-Höhle wieder zugänglich, 2008 erhielt das Projekt den Bayerischen Denkmalpflegepreis. Durch effektvolle Beleuchtung und ein feuchtkühles Klima wirkt sie erstaunlich realistisch. Durch ein Kunstprojekt des Bildhauers Christian Rösner kam vor ein paar Jahren eine kleine Bärenhöhle hinzu. Und ein bezaubernder Blickfang.

Adresse Loschgestraße 1, 91054 Erlangen-Innenstadt | **ÖPNV** Bus 288, Haltestelle Maximiliansplatz | **Öffnungszeiten** April–Sept. jeden So 14–16 Uhr | **Tipp** Eine mehr oder weniger kleine Runde durch den Botanischen Garten lohnt sich immer, besonders in den Gewächshäusern gibt es immer wieder Neues zu entdecken.

32 Die Orangerie
Ein Gewächshaus für abgehobene Momente

Man könnte reinbeißen, so kräftig ist das Orange, wenn die Sonne die Fassade anstrahlt. Dann entwickelt der Halbovalbau mit dem rötlichen Mansardendach und dem Doppelsäulenportal eine unheimliche Anziehungskraft. Man möchte sich auf dem kleinen Rasenstück in einen Liegestuhl setzen und dann langsam singen: »Die Orangerie, vergisst man nie.«

Alle Jahre wieder glänzt der Prachtbau am nordwestlichen Eingang des Schlossgartens ganz besonders, wenn beim Poetenfest im Spätsommer vor den blendend weißen Wänden eine ellenlange Tafel aufgebaut wird. Auf dass sich hochkarätige Schriftsteller(innen) und hochdekorierte Literaturkritiker möglichst hochgeistig bis abgehoben unterhalten. Ein Genuss für vielleicht eine halbe Stunde, wofür das Barockjuwel gern einen perfekten Rahmen abgibt.

Gebaut wurde die Orangerie um 1705 zur Überwinterung tropischer Pflanzen. Ein nobles Gewächshaus, das zur Erlanger Residenz der Bayreuther Markgräfinnen gehörte, die in Erlangen ihren Witwensitz hatten. Nach 1755 wurde die Orangenzucht nach Bayreuth verlegt – nach dem Hofstaat zog 1818 die Universität ein. Zunächst die Anatomie, dann die Pharmazie. 1898 sollte die Orangerie abgerissen werden, doch die Bevölkerung ging auf die Barrikaden, sodass 1899 die Generalsanierung folgte.

Anschließend zog das Institut für Kirchenmusik ein, das bis heute samt der Kunstgeschichte residiert. Die Orangerie, die den geplanten Zwilling auf der anderen Seite des Hugenottenbrunnens nie erhielt, machte lange eine gute Figur. Aber dann bröselte es von der Decke, es zogen Risse durch Wände, und der Hausschwamm kroch durch die Balken, weshalb 2009 eine dreijährige Sanierung folgte – finanziert durch Spenden. Fast zehn Millionen Euro hat die Sache am Ende gekostet, doch es hat sich gelohnt: Ob beim Schlossgartenball, Poetenfest oder am Tag des offenen Denkmals: Die Orange ist schön wie nie …

Adresse Schlossgarten 1, 91054 Erlangen-Innenstadt | **ÖPNV** Bus 205, 283, 287, 289, 293, Haltestelle Altstadtmarkt | **Tipp** Den Wassersaal in der Orangerie kann man samstags für Trauungen mieten, ansonsten auch für Empfänge, Konzerte oder Ausstellungen – ein herrlicher Rahmen für besondere Anlässe.

33 Der Paulibrunnen
Plätschernder Blickfang mit Campo-Flair

Es riecht lecker, wenn man samstags über den Schlossplatz geht. Nach Basilikum, frischen Rosen, auch Käse, Oliven und Crêpes sorgen für würzige Duftnoten. Und weil deutlich mehr Händler als an anderen Tagen da sind, geht es richtig voll und bunt zu – fast wie auf dem Campo de' Fiori in Rom. Man trifft sich hier, weil alle hingehen. Nachbarn, Freunde, Geschäftskollegen und alte Schulfreunde. Man ratscht miteinander, und Gemüsebauern wie die Familie Dummet aus Neunhof freuen sich über gut und gern 90 Prozent Stammgäste.

Bei all dem Treiben an den rot-weiß gestreiften Marktständen kann es passieren, dass man das Plätschern des Brunnens gar nicht mehr wahrnimmt. Derweil gibt es etliche Fontänen bei der Brunnenplastik, die 1889 die Erlanger Kaufmannsfamilie Pauli gestiftet hat und die deshalb Paulibrunnen heißt. Aus Löwenmäulern und Schnauzbartköpfen schießt das Wasser, das mehrfach über den Tellerrand von Schalen und Muscheln läuft, um im hohen Bogen nach unten zu fallen. Es ist eine schwarz-weiß-graue Attraktion mit geschwungenen Becken, lebensgroßen Figuren und vielen neobarocken Verzierungen – und ein passendes i-Tüpfelchen für den zentralen Marktplatz der barocken Planstadt gewesen.

Gern sitzt man nach den erledigten Einkäufen auf den Stufen, schleckt Eiskugeln und schaut die zwei in antike Gewänder gehüllten Frauenfiguren an. Es sind »Erlangia«, die Vertreterin der heimischen Industrie und des Gewerbes, und »Alma Mater«, das Aushängeschild der Wissenschaften. Ansonsten sind drei Reliefporträts zu sehen – vom Prinzregenten Luitpold von Bayern sowie von den Markgrafen Christian Ernst, dem Gründer der Erlanger Neustadt, und Alexander, dem Neubegründer der Universität. Das Bürgertum hat damals ein gehöriges Wort bei der Gestaltung mitgesprochen und einen zweiten Entwurf durchgesetzt – er stammte vom Nürnberger Künstler Friedrich Wanderer. Gratulation!

Adresse Schlossplatz, 91054 Erlangen-Innenstadt | **ÖPNV** Bus 30, 281, 283, 294, Haltestelle Hugenottenplatz | **Tipp** Die östliche Hälfte des Schlossplatzes wird nur zeitweise bespielt, etwa an Fasching und Weihnachten, bei Kulturfesten oder mit dem »Stadtstrand« im Sommer. Das Markgrafendenkmal vor Ort ist 1843 das erste Standbild in Deutschland gewesen, das einen Universitätsgründer ehrt, es wurde zum 100-jährigen Bestehen der Friedrich-Alexander-Universität gestiftet.

34 __ Das Pferd
Der Wink mit dem Milchglas

Wenn man dieses Pferd das erste Mal aus der Ferne erblickt, glaubt man an eine Fata Morgana. Das zwingt zum näheren Hinsehen, zum Hingehen, und reizt zum Anfassen. Dann legt man die Hand auf den glatten Glaskasten, fährt rauf und runter, rüber und zurück. Man schaut durch die milchigen Scheiben. Doch je genauer man hinschaut, desto klarer wird: Dieser Gaul ist nicht fassen. Es bleibt bei den schemenhaften Umrissen, die einem sagen: Ja, hier steht ein dunkles, vielleicht schwarzes Pferd, das echt aussieht, es aber nicht sein kann, weil eine gläserne Haube drübergestülpt ist.

Es muss also ein Fake sein, weil kein Lebewesen so lange ohne Sauerstoff bleiben kann. Es sei denn, es wird von unten versorgt (aber dann würde es nicht minutenlang still dastehen … oder?). Dass dieses Pferd seit Jahren verblüfft und als soziale Skulptur prächtig funktioniert, spricht für die künstlerische Qualität der Plastik von Norbert Radermacher, Jahrgang 1953 und Kunstprofessor in Kassel. 2003 ist sein »Arca« aus schwarzem Kunststoff plus Kasten aus satiniertem Glas leicht schräg auf dem Pflaster vor den roten Artilleriekasernengebäuden aufgestellt worden. Genau in dem Bereich, wo sich einst die Reitställe der Kavallerie befanden.

Das Pferd erinnert somit an vergangene Zeiten. Nach dem Abzug der US-Truppen im Jahr 1993 sind die alten Backsteingebäude zuerst in langsamen Schritten, dann im Trab und zuletzt im Galopp umgebaut und neu genutzt worden. Auch die Universität hat sich im Umkreis mit Lehrstühlen und Einrichtungen angesiedelt. Angewandte Geologie, Sensorik, Umweltverfahren und Recycling sowie das Tumorzentrum sind darunter. Doch auch die Wissenschaftler konnten nicht verhindern, dass das tierische Werk 2015 von Kunsthassern heftig attackiert wurde. 2017 wurde der Schaden behoben. Nun steht der Wink mit dem Milchglas wieder da, als sei nichts gewesen. Das ist schön und beweist nachdrücklich: Dieses tierische Kunstwerk gehört einfach hierher.

Adresse Ludwig-Feuerbach-Platz, 91052 Erlangen-Ost | **ÖPNV** Bus 208, 209, 285, Haltestelle Berufsschulzentrum | **Tipp** Bei einem Spaziergang durch das Röthelheimpark-Viertel stößt man an fast allen Ecken auf moderne Kunst. Zum Beispiel auf die filigrane, hoch aufragende Stahlskulptur, die leise surrend wie ein Seismograf wirkt – der »Telemann« ist ein schönes Überbleibsel der Freiluft-Werkschau von Paul Fuchs im Jahr 2012/13.

35 Das Platenhäuschen
Gefragte Pilgerstätte für Schöngeister

Er wohnte nur einen Sommer hier. Doch das genügte, um das hübsch auf der Nordseite des Burgbergs versteckte Gartenhaus zu adeln. Die Rede ist von Karl August Georg Maximilian Graf von Platen-Hallermünde, der zu seiner Zeit zur obersten Riege der deutschen Lyriker zählte und sich mit manchen Größen, speziell Heinrich Heine, heftige Dispute lieferte. Geboren 1796 als siebtes Kind eines Oberforstmeisters in Ansbach, begann der 17-Jährige, Tagebuch zu führen. Nach dem Feldzug gegen Napoleon, den er fern von Kämpfen überlebte, landete von Platen 1819 in Erlangen, um sein Jurastudium fortzusetzen. Doch seine Leidenschaft gehörte längst der Poesie. Erste Gedichte erschienen ab 1820. Wie Goethe, den er 1821 in Jena besuchte, beschäftigte er sich mit persischer Literatur. Und nicht zuletzt sein unverblümter Umgang mit der Homosexualität machte ihn zu einer schillernden Figur, die polarisierte.

Das alles und noch viel mehr erfährt man in der kleinen Ausstellung im 1757 erbauten Gartenhäuschen, wo von Platen den Sommer 1824 verbrachte. Danach folgte eine produktive Zeit und 1826 der Umzug nach Italien, wo er 1835 in Syrakus starb. In Erlangen erinnerte sich 1925 der örtliche Heimatverein an ihn und errichtete eine Gedenkstätte. Nachdem das Haus 1963 in den Besitz der Stadt Erlangen übergegangen war, dauerte es bis 1977, bis eine Ausstellung nach der Renovierung (mit dem Abbruch des Anbaus) kam, die 2007 noch mal verändert wurde.

Hohe Wellen schlug Ende 2008 ein »Bauskandal«, bei dem durch ein Neubauprojekt der Garten des Platenhäuschens attackiert wurde. Sogar das Goethe-Institut ging auf die Barrikaden, während sich ein Initiativkreis um den Literaturprofessor Gunnar Och formierte. Am Schluss musste umgeplant und der Hang teilweise wieder aufgeschüttet werden. Das Platenhäuschen, die Pilgerstätte für Schöngeister, gilt bis auf Weiteres als sakrosankt.

Adresse Burgbergstraße 92a, 91054 Erlangen-Burgberg | **ÖPNV** Bus 289, Haltestelle Waldkrankenhaus | **Öffnungszeiten** Mai–Okt. jeden 1. So 11–17 Uhr, der Eintritt ist frei, Kontakt und Infos über das Stadtarchiv, Tel. 09131/862157; Achtung: Es gibt kaum Parkplätze in der Nähe | **Tipp** Um die Ecke, zwischen Rudelsweiherstraße und Böttigersteig, befindet sich der alte, 1891 eröffnete Israelitische Friedhof.

36 Die Riviera
Sonne, Sand und Zauneidechsen

Bei der Riviera denkt man an Sonne, Meer, Palmen und die malerische Küste zwischen La Spezia, Genua und der Côte d'Azur. Dass auch Erlangen eine Riviera besitzt, klingt nach einem Scherz. Aber es stimmt, es gibt sie – seit etwa 200 Jahren. Schon im 19. Jahrhundert gingen die Damen und Herren gern im idyllischen Teil des Schwabachtals zwischen Bürgermeistersteg und Schleifmühlstraße spazieren. Und Universitätsbibliothekar Otto Mitius soll der Erste gewesen sein, der vom Fußweg unterhalb des Meilwalds so begeistert war, dass er ihn mit der italienischen Riviera verglich.

Das sprach sich herum. Im Laufe der Jahre stifteten betuchte Einheimische sogar gezielt Geld, damit die Promenade ausgebaut und ein Pavillon zum Unterstellen errichtet werden konnte, was beides in den 1930er Jahren geschah. Wiederholt ist der Weg saniert, mit Schotter befestigt und mit ockerfarbenem Dolomitsand aufpoliert worden. Im großen Stil geschah dies im Sommer 1963, als die Stadt auch Sitzbänke erneuern ließ.

Der windgeschützte Pfad interessierte mit der Zeit aber auch Naturschützer und Umweltbehörden. Bei der Inspektion der Riviera fand man rund 90 seltene Pflanzen und Tiere. Dazu zählen Seidenbienen und Zauneidechsen ebenso wie Heuschrecken- und Schmetterlingsarten. Folglich wurde ab 1999 das Ziel verfolgt, die Riviera dauerhaft zu erhalten. In einer Verordnung vom 7. Januar 2002 ist der Sandmagerrasenbereich unter Naturschutz gestellt worden. Der besondere Lebensraum an den Schwabachterrassen bleibt somit unantastbar – die Fläche ist Teil der Sand-Achse Franken.

Am Rand des Bürgermeisterstegs befindet sich zudem eine beliebte Grünanlage – mit Schlittenberg, Bolz- und Streetballplatz sowie verschiedenen Schaukeln. Die Riviera hat also letztlich im Prinzip alles, was das Herz begehrt. Zumal man sich an heißen Tagen auch in der Schwabach erfrischen kann. Das Einzige was fehlt, ist eigentlich nur das Meeresrauschen. Aber dafür gibt es ja Smartphones mit Kopfhörer …

Adresse unter der Ebrardstraße, 91054 Erlangen-Buckenhof | **ÖPNV** Bus 288, 289, Haltestelle Atzelsberger Steige | **Tipp** Westlich verläuft die Schwabachanlage, wo immer wieder kleine Theatergruppen gastieren und im Sommer Freiluftkino geboten wird.

37 — Der Schallplattenmann
Vinyl, Silberlinge und todsichere Tipps

Es kommt auf die Feinheiten an. Und auf die Qualität. Da kennt Bernhard Sauer kein Pardon. Der »Bernie«, Jahrgang 1961, gehört zu den Überzeugungstätern beim Musikhören. Deshalb war klar, dass der gelernte Erzieher, der mal Anglistik studiert hat und 1984 mit Zettelmanns Musicland beruflich in Richtung Tonträgerbranche abgebogen ist, irgendwann seinen eigenen Laden führen wird. Der befindet sich seit Sommer 2007 im fein restaurierten Barockhäuschen in der Fahrstraße, das hölzerne Fensterläden und eine kräftige Ockerfassade besitzt. Und da Sauer ein Verfechter der möglichst optimalen Musikkonserve ist, lag der Name seines Geschäfts auf der Hand: Der Schallplattenmann.

Wer den Laden betrifft, stößt auf Vinylscheiben und Silberlinge, die wohlsortiert in Regalen, Vitrinen, Holz- und Plastikkisten stehen. Flankiert von einem Stammbaum der Highlights der Jazz-Geschichte zieren neue und legendäre Covers von Beatles, Zappa oder Lindenberg eine lange Wand. So erinnert der Laden irgendwie an ein lebendiges Museum für Musik, die man gehört haben sollte. Und die ist mit Vorliebe handgemacht und hat mit Jazz, Pop, Rock, Singer/Songwriter, Indie, Roots und World zu tun. Neben CDs und LPs findet man DVDs und Bücher. Alles neu, Gebrauchtes besorgt Sauer nur auf Wunsch, ebenso Plattenspieler.

Unter »Kauf das« gibt er zudem todsichere Tipps. Da taucht etwa unter Keith Richards Neues von Pokey LaFarge oder Alice Coltrane auf. Angst vor Unbekanntem braucht aber niemand zu haben, der Chef erklärt und berät gern. Zum Beispiel, warum Springsteens LP »Greetings From Asbury Park« von 1975 als 180 Gramm schwere Original-Masterband-Pressung 25,99 Euro wert ist. Na, weil's auf den Klang ankommt! Da kann man dem Schallplattenmann, der unter anderem 30 Jahre bei The Magictones Bass gespielt hat, blind vertrauen. Längst genießt er Kultstatus – weit über Erlangen hinaus.

Adresse Fahrstraße 12, 91054 Erlangen-Innenstadt, Tel. 09131/4000868, Musik- und Konzert-Tipps findet man auf der Homepage www.derschallplattenmann.de | **ÖPNV** Bus 293, 294, Haltestelle Obere Karlstraße | **Öffnungszeiten** Mai–Sept. Di, Mi 11–18 Uhr, Do, Fr 11–19 Uhr, Sa 10.30–14.30 Uhr; Okt.–April Mo–Fr 11–18 Uhr, Sa 10.30–14.30 Uhr und nach Vereinbarung | **Tipp** Zwei weitere gut sortierte Plattenläden gibt es in Erlangen mit dem Bongartz in der Hauptstraße 56 und dem Musicland in der Helmstraße 9, mit denen der Schallplattenmann auch befreundet ist.

38__Die Schiffstraße
Flanieren statt Schippern

Ein richtiges Schiff hat hier nie angelegt. Doch weil das Gasthaus bei der Hausnummer 7 nun mal »Zum Goldenen Schiff« hieß, nannte die Stadtverwaltung das Sträßchen zuerst anno 1745 Schifferwirths Gasse und später Schiffgasse – zur Schiffstraße wurde es aber erst 1884.

Heute steht die Zeile mit den schnuckeligen zweistöckigen Häusern komplett unter Denkmalschutz. Dank vorbildlicher Privatinitiativen – wie bei Nummer 12, preisgekrönt beim bundesweiten Wettbewerb »Das goldene Haus« 1991 – und städtischer Maßnahmen (wie dem Umbau zur Spiel- und Wohnstraße mit neuem Pflaster 1985/86) ist der knapp 300 Meter lange Straßenast zu einem Schmuckstück geworden. Auch wenn die bald 30 Jahre alten Kugelakazien öfters arg heftig von der Stadt zurückgeschnitten wurden.

Da sich jede Menge Läden und Lokale im Erdgeschoss befinden, lädt die Schiffstraße zum Flanieren und Hinhocken ein. Wie ein Lockruf steht eingangs eine strahlend weiße Bank vor dem Eckhaus mit dem Papierladen, in dem ab Mitte des 18. Jahrhunderts der markgräfliche Stallmeister wohnte. Nebenan war der Landvogt daheim, wo seit 1825 die Kammfabrik Bücking angesiedelt ist. Zu den anderen Fixpunkten gehört heute die Feinkosttheke der »Enoteca«, wo es einen der besten Cappuccinos der Stadt gibt.

Zwischen Babykleidung und Secondhand-Boutique residiert die kommunale Theaterwerkstatt hinter einem Eisentor, verbunden mit der Anlaufstelle für den Kartenvorverkauf. Neben Silberschmuck, Schuhen und pfiffigen Einrichtungsgegenständen in der »Drehscheibe« begegnet man kulinarischer Vielfalt – ob italienisch, argentinisch oder fränkisch. Und während Herzchen auf hölzernen Fensterläden grüßen, hängt im Fenster der »Art-e-Fakt«-Galerie noch ein altes Theaterplakat »Der die Ohrfeigen bekommt« aus dem Jahr 1996. Dazu passt das Skelett, das daneben aus dem Fenster schaut. Mal sehen, wie lange das gut geht.

Adresse die Schiffstraße liegt zwischen Wasserturm- und Engelstraße, 91054 Erlangen-Innenstadt | **ÖPNV** Bus 205, 283, 287, 289, 293, Haltestelle Altstadtmarkt | **Tipp** Es lohnt sich, eine Nachtwächter-Führung durch die Altstadt zu machen. Dabei erfährt man auch noch ein paar Geschichten über die Schiffstraße (Kontakt: www.nachtwaechtererlangen).

39 — Die Skateranlage
Graues Paradies unter der Brücke

Die Spuren sind unübersehbar. Schwarz-graue Strichmuster, blank rasierte Kanten und massenhaft Graffiti auf Pfeilern und Wänden. So muss eine Skateranlage aussehen, die 365 Tage im Jahr fast pausenlos in Gebrauch ist. Wie an der Michael-Vogel-Straße unter der Brücke mit den lang gezogenen Betonrippen, die sich die Skateboarder- und BMXer-Szene »nach und nach erkämpft hat«, wie es im Erlanger Kultur- und Freizeitamt heißt, das die Anlage in Kooperation mit dem Jugendamt betreut.

Die Überlegung war schlüssig: Weil es eh von oben scheppert, da ständig Fahrzeuge drüberrauschen, stört es nicht, wenn unten ein paar schnelle Bretter und Räder auf den Boden knallen. Zudem wohnt nebenan niemand, es gibt nur ein paar Firmengebäude, einen Parkplatz und den Zentralfriedhof. Und außerdem liegt die Michael-Vogel-Brücke ziemlich ideal an der Schnittstelle, wo sich die (Rad-)Wege in Richtung Bruck, Alterlangen, Büchenbach und Innenstadt kreuzen. Und das Paradiesische: Durch das weitschweifende Bauwerk ist der Standort wetter- und winterfest, was ihn von anderen Anlagen im Umkreis abhebt.

So gründete sich um 1990 die erste Initiative, die mit selbst gebauten Holzrampen die Fläche besetzte. Nach Demos, Aktionen und Gesprächen lenkte die Stadt ein. Mitte der 90er wurden 21 Stellplätze für die Anlage umgewidmet, die ersten Rampen aus Beton gebaut und Jugendsozialarbeiter integriert. Von Anfang war der Jugendtreff Omega davon tangiert, der seit 1990 am Brückenrand in einer roten Box residiert. Sie ist der vierte Ort des 1976 gegründeten Vereins, der Rockkonzerte, Open-Air-Festivals, Discos und Poetry-Slams veranstaltet.

Mit der Skateranlage hat er nichts zu tun. Abgesehen davon, dass es mal Knatsch wegen Scherben gibt, herrscht ein lockeres Nebeneinander. Wenn aber der alljährliche Skater-Contest steigt, geht es überall hoch her. Bis 22 Uhr, dann geht die Beleuchtung aus.

Adresse Michael-Vogel-Straße 1, 91052 Erlangen-Anger | **ÖPNV** Bus 284, 285, 294, Haltestelle Zentralfriedhof | **Tipp** Eine Skater-Alternative ist die Anlage beim Jugendhaus West in der Donato-Polli-Straße in Büchenbach – kleiner, aber okay.

40 Der Skulpturenpark Tennenlohe

Fesselnde Früchte eines Festivals

Ein schmaler Engel mit gestutzten Flügeln sitzt auf einem Stein unter einer fünfstämmigen Baumgruppe. Zwei Köpfe mit Kapuze und aufgeschlitzter Brust sind auf einer Stele verbunden. Und auf einem dreieckigen, schroffen Steinblock hängt der silberne Ring einer »Civilisation Clock«, auf der die Zeiger ganz kurz vor zwölf anzeigen. Drei Werke mit viel Symbolkraft, die unter die Haut gehen und die zu den rund 25 Exponaten gehören, die den Skulpturenpark Tennenlohe bevölkern. Seit 1996 wächst und gedeiht die Idee der »Fiesta de Arte« auf der Kirchweihwiese hinter dem Weiher, auf die der international tätige Tennenloher Künstler und Galerist Dieter Erhard gekommen war. Zuerst lud er die Künstler ein, was auf Beifall stieß und 1999 zur Gründung des Kunstkreises Tennenlohe führte, den Dietrich Puschmann leitet. So hat man das Konzept weitergesponnen, mit Teilnehmern aus der ganzen Welt, zu denen auch Vertreter von Erlanger Partnerstädten und einheimische Talente gehören.

Eine wichtige Komponente ist das Arbeiten vor Ort. So entsteht Verbundenheit. Der Engel von Igor Tschernoglasow, der zunehmend grünlich zu verwittern beginnt, kam 2008 hinzu; Kazuaki Tanahashis nachdenklich stimmende Zivilisationsuhr ist von 1999. Verbunden mit einem Dankeschön an die Unterstützer wird das Konzept kurz mit »einfach machen und in die Zukunft denken« auf der Tafel erläutert.

Dass Kunst mehr als tausend Worte sagen kann, lehrt die Freiluftschau, die wohlplatziert die Früchte eines gut gepflanzten Festivals zeigt. Für einen Streifzug sollte man sich Zeit nehmen, manches ist nicht gleich zu verstehen. Da liegen ein »Schlafender Hund« oder ein stilisierter Stierkopf am Boden, da baumeln Figuren von einem Baum. Und ganz eng und verzweifelt stehen sich zwei Menschen gegenüber – und die »Umarmung« von Sergio Monterosso fesselt umso heftiger, je länger man sie ansieht.

Adresse Wiese am Weiher, An der Wied, 91058 Erlangen-Tennenlohe | **ÖPNV** Bus 30, 295, Haltestelle Tennenlohe / Heuweg | **Tipp** Ergänzend zum Skulpturenpark gibt es inzwischen zwei Skultpurenwege und die 2015 angelegte »Skulpturenachse« in die nahe Umgebung – eine sehr schöne Ergänzung.

41 Das Stadtmuseum
Auf Spurensuche im Altstädter Rathaus

Katastrophen hat das Altstädter Rathaus einige erlebt. Kaum war es nach dem Dreißigjährigen Krieg wieder aufgebaut worden, lag es 1706 nach dem verheerenden Altstadtbrand in Schutt und Asche. Der dreistöckige Neubau entstand als klassizistisches Adelspalais zwischen 1733 und 1740, verlegt auf die östliche Straßenseite. Da die Räte nur bis 1812 hier tagten, begann eine Zeit der Zwischennutzungen. Mautstelle, Landgericht und Leihhaus, dann von 1921 bis 1945 Volks(bildungs)haus und im Zweiten Weltkrieg Luftschutzbefehlsstelle. 1946/47 zog die Spruchkammer in Sachen Entnazifizierung ein, dann kam Siemens und ab 1964 die heutige Verwendung: als Stadtmuseum.

Durch die reiche Vorgeschichte scheint das Haus ideal dafür zu sein, zumal in einem der Gewölbekeller im April 1945 eine bedeutsame Entscheidung für die Stadt getroffen wurde: Durch die frühzeitige bedingungslose Kapitulation blieb Erlangen relativ unbeschadet. Als Folge strömten nach Kriegsende aber so viele Leute in die Hugenottenstadt, dass die Stadt dicht gemacht werden musste – das erfährt man im Stadtmuseum natürlich auch.

Breit ist ansonsten die Palette der Stationen und Schaustücke: Vom 25.000 Jahre alten Steingerät aus einer Spardorfer Lehmgrube über prähistorische Gräberfunde findet man die erste urkundliche Erwähnung der »villa Erlangon« anno 1002. In Vitrinen im Erdgeschoss werden Handwerkskunst, Hugenotten und Industrialisierung aufbereitet, während im Dachgeschoss NS-Zeit, Siemens und Gegenwart auftauchen. Und es hat sich einiges angesammelt, inklusive einem roten Lego-Modell der barocken Planstadt. Man erfährt vieles, wenn man im verzweigten Haus auf Spurensuche geht. Trotzdem sind es die Sonderausstellungen (wie über Comics oder den Kosbacher Altar), die ins Haus locken. Aber auch die Mitmachaktionen, die Stadtgeschichte für Kinder zum Erlebnis machen. Im Übrigen soll das Stadtmuseum bald aufgewertet werden. Wir sind gespannt.

Adresse Dr.-Martin-Luther-Platz 9, 91054 Erlangen-Innenstadt | **ÖPNV** Bus 286, 287, 288, 289, 293, Haltestelle Dr.-Martin-Luther-Platz | **Öffnungszeiten** Di, Mi, Fr 9–17 Uhr, Do 9–20 Uhr, Sa, So 11–17 Uhr; Infos unter www.erlangen.de/stadtmuseum | **Tipp** Nebenan gibt es museal angehauchte Beispiele der Erlanger Kneipenkultur zu besichtigen – wie Papa Joe's, Sorbonne, Mein lieber Schwan, Pleitegeier oder Strohalm (siehe Nummer 42).

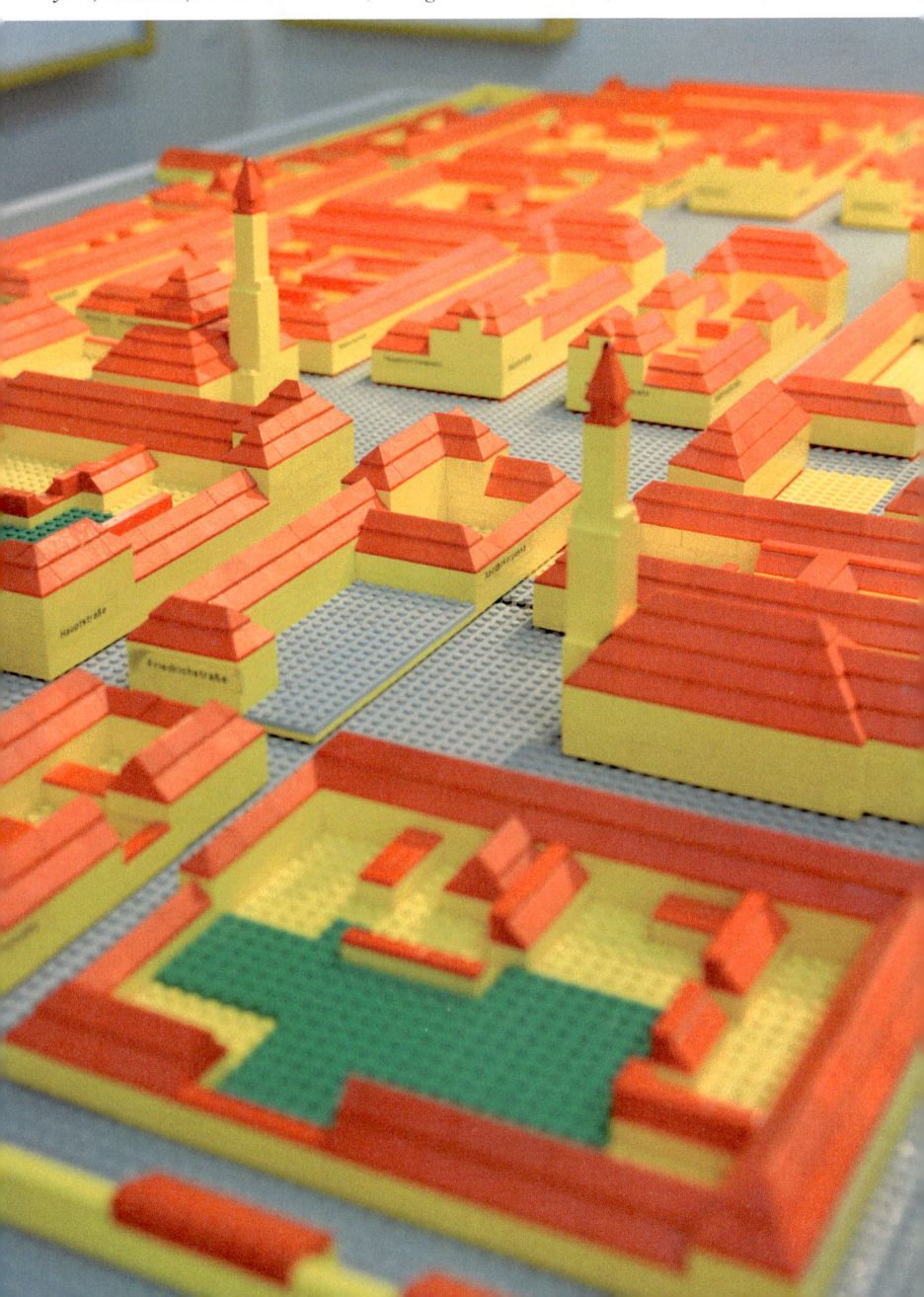

ERLANGEN

42 — Der Strohalm
Rettungsanker im Kellergewölbe

Manchmal braucht man einen Ort, wo man abtauchen kann. Wo kein Autolärm hinkommt, wo die Leute entspannt sind und man sicher sein kann, dass etwas Schönes passiert. Zum Beispiel in Form von echter, ehrlicher Musik, wie sie allabendlich im Kellergewölbe der Hauptstraße 107 geboten wird. So gesehen ist dieser Strohalm tatsächlich einer, an den man sich klammern kann – sozusagen ein Rettungsanker für gewisse Stunden.

Die Anfänge reichen ins Jahr 1953 zurück, als Jazzfans und Studenten einen Club für Musik, Literatur und Theater gründeten, dem Filmstar Elke Sommer, die in Erlangen ihr Abitur gemacht hat, später ein Klavier spendierte. Damals residierte der Strohalm noch im Nachbarkeller, wo später der »Zirkel« zum ersten Disco-Schuppen der Stadt werden sollte. Mit dem Ortswechsel folgte 1982 ein Neustart mit Jazz, Folk, Blues und Country. Nach Pächterwechseln spielte die Livemusik im Vergleich zur Kneipe nur noch die zweite Geige – bis 1991 der Erlanger Folkmusiker Thomas »Wulli« Wullschläger den Laden übernahm und sich das Blatt wendete.

Zuerst trat er solo oder mit Freunden auf, dann erweiterte sich der Kreis der Musiker. Hauptsache, jeden Abend, hautnah und gut. Das sprach sich herum – inzwischen sind bekannte Gitarristen wie Peter Finger und Werner Lämmerhirt oder Größen wie Embryo und die Climax Blues Band zu Besuch gewesen. Und an der Wand grüßt ein pfiffiges Bild samt Ankündigung »Jimmy Hendrix live im Strohalm«.

Trotz aller Erfolge ging es geschäftlich wiederholt auf- und abwärts. Im März 2013 stand »Wulli« vor einem Schuldenberg und der Club vor dem Aus. Was folgte, war eine konzertierte Benefizaktion der fränkischen Musikszene und ein dreieinhalbstündiger Abend in der Hugenottenkirche. Fast tausend Besucher kamen, sangen gemeinsam »Hallelujah« von Leonard Cohen und sorgten dafür, dass die Show im Strohalm weitergehen kann. Einmalig!

Adresse Hauptstraße 107, 91054 Erlangen-Innenstadt, Kontakt über www.strohalm.de | **ÖPNV** Bus 202, 283, 286, 287, 289, Haltestelle Martin-Luther-Platz | **Öffnungszeiten** Di, Fr, Sa 20.30–3 Uhr, Mi, Do 19.30–1 Uhr, So 18–1 Uhr | **Tipp** »Der Zirkel« im Keller nebenan – eine Disco, die noch immer als Studentenclub firmiert und wo sich das Publikum immer wieder verjüngt – geöffnet ab 23 Uhr.

ERLANGEN

43 — Die Techfak
Durchatmen am Roten Platz

Es ist ein Dschungel aus Gebäuden und Lehrstühlen, der sich auf dem Südgelände der Friedrich-Alexander-Universität angesammelt hat. Die Entscheidung, die technischen und naturwissenschaftlichen Studiengänge auszulagern, wurde 1962 getroffen. 1964 folgte die Grundsteinlegung auf der 60 Hektar großen Fläche zwischen Kurt-Schumacher-, Egerland- und Erwin-Rommel-Straße, doch erst 1975 begann der Umzug.

Baustellen gibt es bis heute, das neue Chemikum hat endlos für Lärm und Umwege gesorgt – ein Ende war lange nicht abzusehen. Die Techfak, wie die Technische Fakultät kurz heißt, ist eine Betonburg, die in den Wald geklotzt werden durfte, als hierzulande Umweltschutz noch ein Fremdwort war. Sie hat deshalb etwas Abschreckendes, auch innen muss man sich erst akklimatisieren, weil die Masse an Hörsälen, Seminarräumen, Laboren und Fluren erschlagend wirkt. Es ist ein funktional angelegtes Labyrinth, das Techniker auf dem Reißbrett entworfen haben.

Trotzdem gibt es ein paar Gebäude, wo Ausläufer der real existierenden Natur an die grauen Klötze der Wissenschaftler herangewachsen sind. Und es wäre interessant, zu erfahren, wie viele Jahre es dauern würde, bis hier wieder Fauna und Flora regieren würden, wenn sie dürften. In diese Richtung zielt wohl auch der »Schwimmende Stein« von Hermann Kleinknecht, der in einem Tümpel beim Biologikum thront und jüngst von Unbekannten mit einem Stuhl angereichert wurde. Sind viele der über 10.000 Studenten hier samt den Lehrenden reif für die Insel – oder was?

Etwas Raum zum Durchatmen bietet immerhin der Rote Platz. Auf dem freundlich roten Pflaster aus quadratischen Steinen öffnet sich der Campus unter freiem Himmel. Neben Holzbohlen, Mensa, Café und Gitterbänken stehen zwei riesige Stahlkolosse mit roboterartigen Riesenarmen. »Maschinenfiguren«, hat Künstler Joachim Bandau den Blickfang genannt. Natürlich mit Hintersinn.

Adresse Erwin-Rommel-Straße 60, 91058 Erlangen-Süd | **ÖPNV** Bus 287, Haltestelle Technische Fakultät, oder Bus 30/30E, Haltestelle Erlangen-Süd | **Tipp** Die mahagonibraunen bis froschgrünen, in sich verschachtelten Häuschen des Erwin-Rommel-Wohnheims an der Erwin-Rommel-Straße sind ein architektonischer Lichtblick mit nordischem Flair.

ERLANGEN

44 Das Theater
Zwischen Barock und Blackbox

Wohl dem, der so viele Bühnen hat! Beim städtischen Theater sind es vier, die sich auf engem Raum gut ergänzen. Das fängt beim barocken Markgrafentheater an. Ein Haus mit drei Rängen und 570 Plätzen, das im 18. Jahrhundert in zwei Anläufen und mit Hilfe des venezianischen Architekten Giovanni Paolo Gaspari entstanden ist.

Viel goldener Zierrat, Pastelltöne und wohlgeformte Weiblichkeit prädestinieren es zur Filmkulisse, wie 1954 beim Wagner'schen »Feuerzauber« oder bei »Farinelli« 40 Jahre später. Die hohe Kitschquote des Raums färbt nicht auf das von Katja Ott geleitete Ensemble ab. Büchners »Dantons Tod« wurde zum Beispiel ausgesprochen präzise, modern und stimmig inszeniert. Das Ambiente passt einfach immer, ob bei den Stummfilmtagen, beim Poetenfest oder zuletzt Anfang 2019 beim ebenso großen wie rauschenden Fest zum 300-jährigen Theater-Geburtstag.

Einen heftigen Kontrast dazu setzt die bis zu 90 Besucher fassende Blackbox der Garage. Wo früher Fahrzeuge parkten, nistete sich 1975 eine radikale Off-Bühne ein, die später unter kommunale Fittiche genommen wurde. Lokale Helden wie Winfried Wittkopp sind hier groß geworden. Bei Aufführungen muss man unbedingt rechtzeitig da sein – wer zu spät kommt, hat Pech gehabt. Keiner kommt mehr rein, weil der Eingangsbereich gern mit bespielt wird. Bei Bedarf gibt es im Gebäudekomplex noch zwei Alternativen: den Redoutensaal, der flexibel für Musik oder Schauspiel genutzt wird, und die Theaterkneipe, die allein einen Abend wert ist.

Wändefüllend werfen Schwarz-Weiß-Fotos, Kunststücke und Zitate der Marke »Das ist ja wie ein romantischer Exorzismus« oder »Das ist ja wie im Rausch« Schlaglichter auf das literarisch-theatralische Leben in der Hugenottenstadt der letzten Jahrzehnte. Das Vermächtnis des langjährigen Pächters und Autors Habib Bekta pflegt sein Nachfolger Kamal Hadi schön weiter. Sehr zur Freude der Stammgäste.

Adresse Theaterstraße 5, 91054 Erlangen-Innenstadt, Infos unter www.theater-erlangen.de | **ÖPNV** Bus 205, 283, 287, 289, 293, Haltestelle Altstadtmarkt | **Tipp** Vor dem Theaterabend ein kleiner Spaziergang durch den Schlossgarten, in der Pause die Schaufenster der hübschen Ladenzeile nebenan betrachten, hinterher in die »Kulisse« gehen, wenn es im Theatercafé zu voll sein sollte.

ERLANGEN

45 — Das Transfer
Underground-Club mit künstlerischen Fragezeichen

Nachtcafé, Bar, Lounge, Disco oder Club? Beim Transfer weiß man das nie so genau. Es wechselt unberechenbar, manchmal mehrfach am Abend. Das entspricht dem Underground-Ansatz des Berliners Volkmar Ziche, der im Dezember 1983 in der schmalen Gasse neben dem Hauptbahnhof eine Weinstube übernahm, ein Metallschild auf die Eichenkassettentür schraubte und fortan Großstadtfeeling in die latent verschnarchte Hugenotten-Siemens-Unistadt pumpte.

Es ging anfangs mächtig der Punk ab. Neben New-Wave-Aposteln wurden auch Einstürzende Neubauten gesichtet, deren Mastermind Blixa Bargeld sogar DJ spielte. Als gelernter Glasmaler mit Sozialpädagogik-Background platzierte Gastronom Ziche einen kreativ-kommunikativen Tresen in die Mitte des Raums, wo eine Glitzerkugel hängt. Die übrige Deko erlebte mehrfach einen Transfer neuer Ideen. Mal finster, mal plüschig, mal metallisch, mal grell. Nie von der Stange, gern trashig, indem Gebrauchtes upgecycelt wurde, wie das heute heißt.

Vor über drei Jahren hat der Pop-Art-Künstler Jim Avignon, bekannt auch von der Ostberliner East-Side-Gallery, ein schräg-bunt-schwungvolles Kneipenszenario an eine Wand gemalt, das man stundenlang anschauen könnte, so viel Leben steckt drin. Ein Meisterwerk, das sich super als Bühnenhintergrund macht. Womöglich der Grund, warum Bands aus Nürnberg, Rom wie Norwegen hier unbedingt auftreten wollen, obwohl es keine feste Gage gibt.

Minimal-Pop, Electro-Jazz, Neo-Folk, Hardcore-Experimente – das sorgt für höchst unterschiedliche Härtegrade. Das korrespondiert mit der Drinks-Palette und Ziches künstlerischen Fragezeichen. Wie früher der Hometrainer vor dem Klo, später das Skelett in der Badewanne, die Weltkarten an der Wand oder der Schaukasten, der immer wieder für neue Hingucker gut ist. Und wenn's gut läuft, gibt es im Sommer wieder eine Biergarten-Dependance mit Gleisblick um die Ecke.

Adresse Westliche Stadtmauerstraße 8, 91054 Erlangen-Innenstadt, www.transfer-erlangen.de | **ÖPNV** S-Bahn, Hauptbahnhof, fast alle Busse halten am Hugenottenplatz | **Öffnungszeiten** Mo–Mi 20–2 Uhr, Do 20–3 Uhr, Fr, Sa 21–4 Uhr | **Tipp** Schräg gegenüber befindet sich in der Fahrradladen BetterBike von Werner Richter, der auch spezielle Events anbietet.

ERLANGEN

46 Das Urwildpferdgehege
Fröhliche Huftiere statt rasselnder Panzerketten

Bis 1993 war es lebensgefährlich, sich im Tennenloher Forst herumzutreiben. Doch dann zogen die US-Truppen ab und mit ihnen die kettenrasselnden Fahrzeuge, die auf dem Truppenübungsplatz einen verblüffenden Effekt hatten: Sie rissen Böden auf, wodurch Sandmagerwiesen entstanden, die für Heidelerche, Sandlaufkäfer oder Blauflügelige Ödlandschrecke ideal waren. Ihr Lebensraum war bedroht, weil die Sandflächen zuzuwachsen drohten. Es musste Ersatz für die Panzer gefunden werden.

Da Amerika das Land der reitenden Cowboys ist, kam irgendwann die Idee auf, auf der 90-Hektar-Fläche einfach Urwildpferde anzusiedeln. Nach der Ausweisung zum Naturschutzgebiet bildeten sich ungewöhnliche Allianzen, sodass 2003 der Startschuss fiel. Auf Initiative des Landschaftspflegeverbands Mittelfranken kooperieren nun Naturschützer der Regierung von Mittelfranken und des Landratsamtes Erlangen-Höchstadt mit der Bundesanstalt für Immobilienaufgaben, der Deutschen Bundesstiftung Umwelt Naturerbe sowie den Tiergärten in Nürnberg und München, die die Przewalski-Pferde beisteuerten.

Gelder flossen aus vielen Töpfen von EU über Glücksspirale und den Bayerischen Naturschutzfonds bis zur Deutschen Bahn, die seit 2011 über ökologische Ausgleichsmaßnahmen für den ICE-Ausbau nach Berlin das Gehege unterstützt. Während nur noch am Westrand mit Graffiti verzierte Betonrampen daran erinnern, dass hier früher US-Panzer herumballerten, tummeln sich im doppelten Gatterzaun neun Urwildpferde.

Mit ihren Hufen sorgen sie dafür, dass der Boden offen bleibt. Ins Gehege darf aber nur eine Ziegenherde, Menschen müssen draußen bleiben und unbedingt aufs Füttern verzichten. Die Gebietsbetreuerinnen Verena Fröhlich und Wiebkea Bromisch empfehlen das Mitbringen von Ferngläsern, wenn man die Huftiere genauer beobachten will. Wer dies tut, erkennt schnell: Sie fühlen sich pudelwohl.

Adresse Tennenloher Forst, 91058 Erlangen-Tennenlohe, Parkplatz an der Ecke Weinstraße/Kurt-Schumacher-Straße, wo auch regelmäßig Gruppenführungen beginnen, Kontakt über die Gebietsbetreuung des Landschaftspflegeverbands Mittelfranken, www.wildpferdetennenlohe.de | ÖPNV Bus 295, Haltestelle Böhmlach, aber besser mit dem Fahrrad hinfahren | Tipp Kurz vor dem westlichen Zugang befindet sich die Skulptur »Quellstein« des Künstlers Dieter Erhard. Sie ist ein bezaubernder golden glänzender Wink mit dem Zaunpfahl und weist auf das hin, was sich hier verändert hat.

ERLANGEN

47 _ Das Walderlebniszentrum
Hölzerne Abenteuer mit Grünspecht und Montezuma

Es riecht verdammt gut hier. Nach Holz, Erde und frischer Luft. Schon deshalb wäre das Walderlebniszentrum in Tennenlohe einen Besuch wert, wie aber eigentlich alle Wälder. Doch die Angst vor dem Waldsterben führte in den 1980er Jahren zu einem erhöhten Bewusstsein für dieses hochempfindliche Ökosystem. Ergo richtete die Bayerische Forstverwaltung auch in Erlangen ein Zentrum ein, das vielfältige Hilfestellungen zum Erleben dieser hölzernen Abenteuerwelt gibt.

In Blockhütten kann man in Geschichte und Gegenwart von Wald und Forstwirtschaft eintauchen. Dazu gehört natürlich der harzige Duft von frisch geschlagenen Baumstämmen, aber ebenso die Grünspechthöhle, der zum Anpflanzen sehr nützliche Hohlspaten oder die schlitzige Borkenkäferfalle zur Schädlingsbekämpfung. Diese und tausend andere Dinge kann man hier kennenlernen, anschauen, in die Hand nehmen, beschnuppern und bestaunen.

Auf Klein und Groß warten immer wieder neue Attraktionen, wie das »Haus der Tiere« mit vielen präparierten Exemplaren. Das Lokalkolorit kommt dabei nicht zu kurz. Im Peter-Stromeir-Haus werden die hiesigen Wälder aufgeblättert und unter die Lupe genommen. Samt einem Stammschnitt jener uralten Reichswaldeiche, die man 1686 im Gründungsjahr der Erlanger Neustadt gepflanzt hatte. »Christian Erlang«, steht auf der historischen Karte mit Bezug auf den damals regierenden Markgrafen der Hugenottenstadt.

Zwischen Mikroskop und Tastkästen werden spielerisch immer wieder Wissensfragen eingestreut. So erfährt man, dass die Montezuma-Zypresse aus Mexiko mit 11,15 Metern Durchmesser der dickste Baum der Welt ist und dass die Wälder Bayerns zu 80 Prozent aus Buchen bestehen würden, wenn der Mensch nicht eingegriffen hätte. Auf dem 1,2 Kilometer langen Waldlehrpfad wird einem zudem klargemacht, wie gigantisch 113 Meter sind – so groß wie ein Mammutbaum, der höchste Baum der Welt.

Adresse Weinstraße 100, 91058 Erlangen-Tennenlohe, Kontakt über Tel. 09131/604640, Parkplätze gibt es direkt nebenan | **ÖPNV** Bus 20, Haltestelle Walderlebniszentrum, oder Bus 295, Haltestelle Böhmlach oder Heuweg | **Tipp** Das Walderlebniszentrum bietet das ganze Jahr über vielfältige Veranstaltungen, in Zusammenarbeit mit dem Landesbund für Vogelschutz gibt es regelmäßig spannende Vogelstimmen-Wanderungen durch den Tennenloher Forst.

ERLANGEN

48 — Der Waltmann
Eine filmreife Käsegeschichte

Die Geschichte ist reif fürs Kino. Sie beginnt 1967, als der Vater von Volker Waltmann zurück in seine Geburtsstadt Erlangen kommt. Er übernimmt die Leitung eines Supermarktes in Bruck, doch aus gesundheitlichen Gründen muss er sich 1982 umorientieren. Die Eltern wechseln in die Innenstadt und eröffnen einen Feinkostladen, der sich auf Rohmilchkäse spezialisiert. Dabei vermitteln sie dem Sohn etwas Wichtiges: »Dass es sich lohnt, etwas zu machen, was sonst keiner macht.«

Probieren lassen und aufklären, was hinter den 160 Sorten aus Frankreich steckt, heißt das. Um 1985 könnte der Filius mit 17 Jahren ins Geschäft einsteigen. Doch er geht raus in die Welt, wie auf die Walz, um mehr über Käse zu erfahren. Zweieinhalb Jahre bei einem Affineur in Freiburg folgen, ohne dass er das Gefühl hat, genug zu wissen. Also hängt er drei Jahre im Elsass bei einem Meister dran, wo er lernt, wie man Käse wäscht, und außerdem 30 Geheimrezepte erfährt.

Anfang 1990 kehrt er heim und stellt die Weichen in der Käseecke neu. Dazu gehört das Anmieten des alten Hofbräukellers am Berg mit acht Grad Celsius und 99 Prozent Luftfeuchtigkeit. Es dauert nicht lange, und die Produkte des Maître Affineur schlagen groß ein. Der Fernsehjournalist Ulrich Wickert, den er in Frankreich kennenlernte, gehört ebenso zu den Stammkunden wie der FC Bayern München, der in den Logen der Allianz Arena die Erlanger Käsespezialitäten serviert. Waltmann ist in der Champions League angekommen, auch Nobelhotels und Kreuzfahrtschiffe ordern von den 260 Sorten, zu denen der »Blütenzauber«-Weichkäse ebenso gehört wie der »Vacherin Mont d'Or«.

Inzwischen muss das sinnlich duftende Eldorado für Käsefans auch keine Bergkärwa-Delle mehr befürchten. Unter dem Nachbarhaus konnte ein Keller mit gleichem Klima eingebaut werden. Das Glück des Tüchtigen. Fehlte nur noch die Versöhnung mit dem Vater.

Adresse Friedrichstraße 10, 91054 Erlangen-Innenstadt | **ÖPNV** Bus 284, 295, Haltstelle Obere Karlstraße | **Öffnungszeiten** Mo – Fr 8.30 – 18 Uhr, Sa 8.30 – 14 Uhr | **Tipp** Um die Ecke, in der Schuhstraße, liegt die große Universitätsbibliothek. Da findet sich bestimmt auch etwas Erhellendes über Käse.

ERLANGEN

49 — Der Wasserturm
Ein Wächter mit Speicher am Burgberg

Es gibt Leute, die den Wasserturm für den Rest der Erlanger Burg halten. Das liegt daran, dass die rote Dachspitze in 32 Metern Höhe an einen Wachturm erinnert. Ein Eindruck, der durch die hölzerne Verkleidung der Ausguckfenster und die eckigen Sandsteinmauern verstärkt wird. Dabei handelt es um reine Kosmetik, die sich der Erlanger Magistrat 1905 einfallen ließ, um dem Gebäude den historisierenden Anstrich der Wilhelminischen Zeit zu verpassen.

Der Wasserturm ist nämlich rund. Was man bemerkt, wenn man im strahlend weiß getünchten Zylinder steht. Über eine schmucke Wendeltreppe aus Gusseisen und Holz gelangt man 21,30 Meter hoch, wo ein ringförmiger Behälter aus genietetem Stahl installiert ist, der sechs Meter Durchmesser hat, vier Meter hoch ist und 100 Kubikmeter Wasser fasst. Verbunden ist er mit drei Rohren als Zu-, Ableitung und Überlaufrohr, denn der Turm fungiert als Druckmacher in der zentralen Wasserversorgung, die 1891 mit dem Bau des ockerfarbenen Wasserwerks nördlich der Dechsendorfer Straße entstanden ist.

Die Besiedelung des Burgbergs, wo nie eine Burg stand, durch betuchte Kreise hatte den Bau eines Wasserturms notwendig gemacht. Und da der Wasserbedarf anstieg, kam 1956 neben den Turm ein größerer Speicher. In das inzwischen denkmalgeschützte Gebäude mit der himbeerroten Fassade und der schmucken Glasfensterfront passen 4.000 Kubikmeter, aufgeteilt in zwei runde, gleich große Kammern. Weil die Stahlbetonkonstruktion saniert werden muss, planten die Erlanger Stadtwerke einen zusätzlichen Speicher am Berg, der seit Sommer 2018 fertig ist.

Optisch ragt er nicht heraus, einen zweiten turmartigen Wächter fürs Wasser wollte niemand haben. Im bestehenden hat sich der langjährige Betriebsmaler H. Schubert ganz unten verewigt: Sein letzter Arbeitstag am 26. Juli 2010 war genau dort, wo er auch sein Berufsleben begonnen hatte. Respekt!

Adresse Burgbergstraße 90, 91054 Erlangen-Burgberg | **ÖPNV** Bus 289, Haltestelle Waldkrankenhaus | **Öffnungszeiten** Führungen bieten die Stadtwerke an, Kontakt unter Tel. 09131/8234317 bei Michael Stumpf | **Tipp** Unten im Wasserschutzgebiet West, hinter Alterlangen, gibt es einen schönen Naturerlebnispfad mit 20 Stationen. Zudem kann man hier von Mitte Mai bis Mitte September die zehn Möhrendorfer Wasserschöpfräder besichtigen.

ERLANGEN

50 Das Westbad
Arschbomben auf dem Präsentierteller

Es war eine harte Zeit für Arschbomben- und Kopfsprungakrobaten. Über zwei Jahre war das Westbad in Alterlangen bis Mai 2017 wegen Umbaus geschlossen. Wer vom Zehner hüpfen wollte, musste nach Nürnberg fahren und im dortigen Westbad einen hellgrünen Sprungturm erklimmen. Doch der war kein Vergleich zum elegant gebogenen Wahrzeichen in Erlangen, ganz zu schweigen vom exponierten Standort: Die Springer sind hier auf einem Präsentierteller, da sich das 4,70 Meter tiefe Becken oben zentral zwischen Eingangstrakt und Hallenbad befindet.

Wer an einem schönen Sommertag um 17 oder 18.30 Uhr den schneeweißen Turm emporklettert, wird von einer rasant wachsenden Anzahl von Augenpaaren ganz genau beobachtet. Wer sich an Anker, Stecher oder Salto probiert, sollte es einigermaßen beherrschen. Denn Könner ernten Applaus, vorsichtige Anerkennung für ihren Mut, Angeber aber Gelächter. Natürlich werden die Weicheier am Rand regelmäßig klatschnass gespritzt. Eine Arschbombe verpflichtet.

Für alle, die trocken bleiben wollen, gibt es aber ein Bullauge im Springerbecken, das im Rahmen der 20 Millionen Euro teuren Totalsanierung deutlich vergrößert wurde, sodass mehr Leute das Eintauchen verfolgen können und Kleinere sich nicht mehr strecken müssen. Familien mit Kindern kommen im Übrigen auf der ausgedehnten Liegewiese mit reichlich Schattenspendern, Spielflächen und kleinen Badelandschaften ebenso auf ihre Kosten wie erwachsene Bahnenschwimmer.

Spaß und Erholung bietet in den kälteren Monaten auch der Hallenbad-Neubau mit dem Panoramafenster ins Grüne. Textilsauna, Dampfbad, Aqua-Fitness und Frühschwimmen ab 6.30 Uhr winken ebenso wie Action-Nachmittage für Kids sonntags von 15 bis 17 Uhr. Und Kulturfans dürfen sich auf den Juli freuen, wenn der »Splishy Splashy Poetry Slam« den Sprungturm erobert. Da gibt's Wörter statt Arschbomben spritzig auf die Ohren!

Adresse Damaschkestraße 129, 91056 Erlangen | **ÖPNV** Bus 280 und 287, Haltestelle Neumühle | **Tipp** Als Alternative gibt es das Röthelheimbad mit der Hannah-Stockbauer-Halle in der Hartmannstraße 121, das ein 50-Meter-Becken besitzt. Schnee von gestern ist seit 2017 das Frankenhofbad – es wurde ebenso wie das Gros der dortigen Gebäude abgerissen, damit der neue Kultur- und Bildungscampus Frankenhof für 30 Millionen Euro entstehen kann.

FÜRTH

51 Die ASV-Holztribüne
Sportliche Zeitreise in der Magazinstraße

Was für eine Überraschung: Als 2012 das Fußballmagazin »11 Freunde« die 99 Orte vorstellte, die Fans unbedingt gesehen haben müssen, war auch Fürth vertreten. Aber nicht der Ronhof, sondern die Holztribüne des ASV Fürth an der Magazinstraße schaffte es! Ein Wetterschutz nach englischem Vorbild, mit einem schräg nach vorne geneigten Dach. Sie gilt als älteste ihrer Art in Deutschland, die erhalten geblieben ist.

Als das Bauwerk um 1924 errichtet wurde, spielte hier der VfR Fürth, der damals der meisterlichen Spielvereinigung im Nacken saß. 5.000 Zuschauer kamen zu Spielen gegen Kleeblatt, Club oder FC Bayern. Doch als die Nazis 1933 die Gauligen einführten, wurde der VfR herabgestuft, weil nur ein Team pro Stadt erwünscht war. Zurückblickend ein herber Verlust.

Heute winkt bei den Heimspielen des ASV Fürth, der zuletzt zwischen Bezirks- und Kreisliga pendelte, eine Zeitreise in die weniger gestylte Zeit des Fußballs. Durch die Sportgaststätte »Balkan Grill« geht es zur Tribüne und zum »heiligen« Rasen des A-Platzes. Ältere Herrschaften sitzen an Biertischen unter Sonnenschirmen, trinken Bohnenkaffee oder a Seidla. Jedes Wort auf und neben dem Spielfeld ist zu verstehen. Und wenn jemand die acht Tribünenstufen hochsteigt, knarzen die Bretter heftig. 50 Leute sitzen im Schnitt in den fünf lehnenlosen Bankreihen. Es sind die stampfenden Techno-Klänge, die in der Halbzeit aus vier sirenenartigen Lautsprechern dringen, die bewusst machen, dass wir uns nicht im Jahr 1931 befinden.

Da die Tribüne unter Denkmalschutz steht, wird sie regelmäßig gestrichen und geflickt, die letzte große Sanierung war 2006. Neben dem alten Prachtstück ist man beim ASV auch auf den 2013 angelegten Kunstrasenplatz stolz. Wichtig ist den rund 640 Mitgliedern in der multikulturellen Südstadt aber besonders das Familiäre: Die Integration von Flüchtlingen spielt deshalb eine große Rolle.

Adresse Magazinstraße 45, 90763 Fürth-Südstadt | **ÖPNV** Bus 179, Haltestelle Magazinstraße | **Tipp** Kreative Fassaden mit verwischten Rot-, Violett-, Grau- und Blautönen haben die Turnhalle und das Gebäude der Hans-Böckler-Realschule zwischen Fronmüllerstraße und John-F.-Kennedy-Schule bekommen. Das mutige Konzept stammt von der Künstlerin Elke Haarer.

FÜRTH

52 Atzenhof
Neue Heimat für Überflieger

Schafherden sind zwischen Unterfarrnbach und Vach noch immer unterwegs. Insofern wird Atzenhof seinem Namen noch gerecht, wird »atzen« doch mit weiden, füttern und fressen übersetzt. Lange Zeit war das 1314 erstmals erwähnte Dorf landwirtschaftlich geprägt, inklusive Tabakanbau und weißem Sandsteinabbau. Anfang des 20. Jahrhunderts änderte sich das Bild aber radikal: 1916 entstand ein Militärflugplatz, der von 1920 bis 1934 zum ersten internationalen Flughafen Fürth-Nürnberg wurde.

Mit den Flugzeugen kamen stattliche Empfangsgebäude und Flugwerften. Von den Originalbauten ist wenig übrig geblieben. Viel ging kaputt, da die US-Truppen den Airport nach 1945 nicht mehr nutzten. Nach dem Truppenabzug 1992 bekam der Stadtteil ein neues Gesicht aus vielen neuen Bausteinen. An der Atzenhofer Straße begegnet man zuerst dem Golfplatz, den schon die amerikanischen Soldaten nutzten – und der ziemlich abrupt im Grünen endet.

Einige der alten Flugzeughallen, die unter Denkmalschutz stehen, sind erhalten geblieben. In einer stellt die Firma daum electronic Fitnessgeräte her, in einer anderen residiert ein großes Reitsportzentrum. Durch den Einbau von Lofts kam auch Wohnen zum Zuge – und zwischendrin hat der neu gegründete Verein Kleeblatt 99 schöne Fußballplätze bekommen. Dass mit Erlaubnis der Behörden viel verändert werden durfte, hat Kritik hervorgerufen. Trotzdem zieht die Hangar-Architektur samt dem umgebauten Tower viele neue Bewohner und Firmen an. Und passend zur Historie hat der Otto-Lilienthal-Kindergarten einen Doppeldecker als Galionsfigur aufgestellt.

Neben modernen Wohnanlagen und dem lang gezogenen »Solarwall« setzt der gläserne Komplex des Fraunhofer-Instituts ein Ausrufezeichen. Hier werden Produkte durchleuchtet und ein Stück Zukunft gedacht. Dadurch ist Atzenhof, passend für eine Wissenschaftsstadt, eine neue Heimat für kommende Überflieger.

Adresse Atzenhofer Straße, 90763 Fürth-Atzenhof | **ÖPNV** Bus 173, Haltestelle Atzenhof oder Atzenhof-Ost | **Tipp** Atzenhof wird seit 1972 durch den Main-Donau-Kanal in zwei Hälften geteilt – am Ufer entlang kann man bis nach Erlangen radeln.

53 Das Babylon
Bastion für alte und neue Kinofreunde

In der Wirtschaftswunderzeit gab es ein gutes Dutzend Kinos in Fürth. Parklichtspiele, Bambi, Admiral, Hansa, Weltspiegel, Camera, Alhambra und Kristallpalast hießen die wichtigsten, wie man auch bei einem Rundgang der Fürther Tourist-Information über die 1960er Jahre erfahren kann. Ein Haus nach dem nächsten ist inzwischen verschwunden, zuletzt musste 2013 das ehrwürdige City-Kino wegen der Neuen Mitte weichen. Überlebt hat neben dem Uferpalast-Programmkino im Kulturforum nur das Babylon.

Zuerst war in dem Gründerzeithaus am Knick, wo die Königstraße in die Nürnberger Straße übergeht, gar kein Kino drin, sondern das Gasthaus »Zum Kronprinz«, aus dem später ein Tanzcafé wurde. 1977 liefen hier erstmals Filme im sogenannten Kronprinz-Kinocenter, das Josef Kopelent 1990 übernahm. Er machte daraus das Babylon und setzte auf anspruchsvolles Programm. Trotzdem ging es bergab – und als 2006 die Pleite drohte, übernahmen Christian Ilg und Marcus Bahr das Kino samt Kneipe. In kurzer Zeit polierten sie das kränkelnde Babylon auf. Seit 2008 erhält es regelmäßig Auszeichnungen für das »qualitativ herausragende Filmprogramm«. Es gehört auch der »Gilde der deutschen Filmkunsttheater« und der Gemeinschaft »Europa Cinemas« an.

Das spricht für Qualität und das gute Händchen der Macher, die Arthouse-Filme und Aktuelles mit Reihen für Kinder, Senioren und Klassiker-Fans anreichern. Neue Nischen wurden mit der Umwandlung des Kioski-Raums in die multifunktionale »Diele« aufgetan. Hier laufen zum Beispiel Ü-50-Reihe und Kinderwagenkino. Die drei Kinosäle und die Bistrokneipe sind vor allem eine Heimat für Cineasten, die ein Pariser Boheme-Flair mögen und die Intimität von Schuhschachtelkinos schätzen. Der Musikclub im Keller ist voll, wenn Wunschkonzert-Disco ansteht, und das Café Rodelbahn ist eine Sommer-Attraktion mit Biergarten am Hang. Weiter so!

Adresse Nürnberger Straße 3, 90762 Fürth-Innenstadt | **ÖPNV** U 1, Haltestelle Hauptbahnhof | **Tipp** In der Gebhardtstraße 8 wurde im November 2015 vis-à-vis vom Hornschuch-Center das Metroplexkino mit sechs Sälen auf dem früheren Güterbahnhof-Areal eröffnet. Ende Mai 2018 erfolgten ein Pächter- und Namenswechsel – es heißt jetzt Cineplex.

54 Die Badstraße 8
Kunst, Idylle und Magie hoch zwei

Manche Orte müssen wachgeküsst werden. Und das kann dauern, wie bei der Baracke an der Badstraße, wo vier Jahrzehnte vergingen, bis es so weit war. Wo sich einst die Wasserratten umzogen, bevor sie ins Flussbad sprangen, warfen 2005 Pläne für die neue Uferpromenade die Frage auf: Was soll mit dem hölzernen Relikt passieren, das 1956 durch das Freibad am Scherbsgraben ersetzt worden war?

Die Lösung war schnell gefunden, denn was lag näher, als es künstlerisch und gastronomisch zu nutzen? So entstand in der Badstraße 8 ein Kulturort mit Ateliers und Café, der als netten Nebeneffekt ein Parkplatzprojekt verhindert hat. Ein Verein wurde gegründet, den 30 Aktive und reichlich Sympathisanten tragen. Und das Schöne: Alte Verbindungen, wie der Weg über den steilen Mariensteig runter zur Rednitz, sind wieder belebt worden.

Manche Leute rennen trotzdem dran vorbei oder trauen sich nicht rein, weil man beim relingartigen Eingang aus Metalldrähten einen kurzen Slalom hinlegen muss. Zum Reiz der verzweigten Holzhütte, die seit 2014 wieder ein wetterfestes Dach besitzt, gehört der Mix aus Kunst und Idylle, der je nach Tages- und Jahreszeit unterschiedlich ausformt.

Wenn in fünf Ateliers hoch konzentriert gemalt wird, liegen höchstens Vogelgezwitscher und leise Musik in der Luft. Abends kann es dagegen laut und quirlig wie in einem Bienenstock zugehen, weil im weiß getünchten Saal eine Rockband loslegt oder Gespräche im Zuge einer Vernissage kräftig angeheizt wurden.

Wer sich mit hier arbeitenden Künstlerinnen wie Birgit Maria Götz, Susa Schneider, Nicola Gräfe und Kathrin Hausel unterhält, spürt die Begeisterung für einen Ort, wo viel im Fluss ist. Der zum Entdecken einlädt, für den offenen Austausch steht und auch spätberufene Kreative anzieht. Und Romantik pur blüht im kleinen Wintercafé, wo alte Flussbadfotos hängen. Natürlich in Schwarz-Weiß.

Adresse Badstraße 8, 90762 Fürth-Innenstadt, www.badstrasse8.de | ÖPNV Bus 172, Haltestelle Hirschenstraße | Tipp Der Film »3 Grad kälter« mit Meret Becker aus dem Jahr 2004 lohnt sich schon deshalb, weil die Dreharbeiten unter anderem im Kulturort der Badstraße 8 stattfanden. Die umgekippte FÜ-Skulptur aus rostrotem Cortenstahl stand damals noch nicht am Rand, sondern in der Hornschuchpromenade.

55 Das Berolzheimerianum
Comödie und Grüner beleben den Prachtbau

»Eingang zur öffentlichen Lesehalle«, steht noch immer über der Tür, die in das Gebäude führt, das 1906 als »Volksbildungsheim« eröffnet wurde. Gestiftet hatte es der Unternehmer Heinrich Berolzheimer, geboren 1836, der als junger Mann mit 32 Jahren in New York eine Niederlassung seiner Bleistiftfabrik gründete. In der Metropole lernte er auch die öffentlichen Bibliotheken schätzen. Deshalb investierte er nach seiner Rückkehr 223.000 Goldmark, um mit dem Berolzheimerianum so etwas in Fürth zu schaffen (ebenso in Nürnberg mit dem Luitpoldhaus).

Nach den Plänen des Architekten Otto Holzer ist der prächtige Jugendstilbau entstanden, der im Erdgeschoss einen raumgreifenden Lesesaal beherbergte. Neben der Volksbibliothek gab es Kurse, Veranstaltungen und Bildungsangebote für alle Bürger. Nachdem die Bombenschäden im Zweiten Weltkrieg behoben waren, wurde das Haus bis in die 1990er Jahre genutzt. Als die Volksbücherei dann aber in ein Militär-Gebäude an der Fronmüllerstraße in der Südstadt umzog, wurde nach einer anderen Nutzung gesucht.

Der Neuansatz mit den Fürther Vorzeige-Komödianten Volker Heißmann und Martin Rassau kam 1998. Mit den Geschäftspartnern Marcel Gasde und Michael Urban renovierten sie das Haus komplett und richteten die Comödie Fürth ein. Im Obergeschoss erstrahlt seitdem der Saal für gut 400 Besucher in neuem Glanz. Und nicht nur das Betreiber-Duo als »Waltraud und Mariechen«, sondern auch Stars der Kabarettszene sind Stammgäste auf der Bühne.

Eine schöne Geste ist es, dass die Büste des Stifters weiter unten im Foyer vor der riesigen Spiegelwand die Besucher begrüßt. Im Erdgeschoss zog 2014 das erste »Grüner-Brauhaus« als gastronomische Attraktion ein. Und im Dezember 2016 gab es ein Dankeschön der Stadt: Das Straßenstück am Eck in der Theresienstraße wurde in Comödien-Platz benannt. Die 1 hängt am Berolzheimerianum.

Adresse Comödien-Platz 1, 90762 Fürth-Innenstadt; die Comödie Fürth hat ein eigenes Parkhaus hinter dem Berolzheimerianum | **ÖPNV** U 1, Haltestelle Hauptbahnhof | **Tipp** Nebenan, in der Theresienstraße 3, befindet sich das Freiwilligen-Zentrum, die Anlaufstelle für ehrenamtliches Engagement (Kontakt unter Tel. 0911/2174782).

FÜRTH

56 — Die Billinganlage
Espresso, Schienen und das pralle Leben

»Deutsche Bank«, steht auf der Bank vor dem Sandsteingebäude. Aber nicht die Filiale des gleichnamigen Geldinstituts hat sich im 1902 erbauten Domizil niedergelassen, sondern der humorvolle Geschäftsmann Michael Hößl. Vier Jahre hatte er seinen Laden auf der anderen Straßenseite, bei der Suche nach neuen Räumlichkeiten entdeckte er eines Sonntags zufällig das leer stehende Pflasterzollhäuschen. Die Steine kamen schnell ins Rollen – und bei der Stadt Fürth ist man froh, dass Hößl mit seinem »Espressohaus« und einem Meer an Kaffeemaschinen, -utensilien und -bohnen eingezogen ist.

Verbunden ist das Geschäft mit einem Tagescafé. Das Espressohäuschen schließt die lang gezogene Fläche der Billinganlage im Verbund mit einer großen Eiche im Osten ab. Zwei Dutzend Linden, die langsam höher werden, sorgen zudem für ein paar grüne Akzente. An die gute, alte Strasserboh, die jahrzehntelang bis Dezember 1998 vorbeiratterte, erinnern nur noch rötliche Steinbänder, die den einstigen Schienenverlauf nachzeichnen. Ansonsten wird die Insel mit der Ex-Wendeschleife seit der großen Umgestaltung anno 2008 von einer raumgreifenden Brunnenskulptur geprägt.

Dicke bunte Figuren hat der Chemnitzer Bildhauer Karl-Heinz Richter geformt, die nicht gerade den üblichen Schönheitsidealen entsprechen. Darüber erhitzten sich anfangs die Gemüter. Das Plädoyer fürs Pralle und Dralle war manchen etwas zu heftig und zu wenig kunstvoll ausgefallen. Zumal neben einem Dalmatiner auch ein Hund zum Ensemble gehörte, der das Beinchen hebt.

Inzwischen hat man sich daran gewöhnt und den nett versteckten Hintersinn verstanden. Und an schönen Sommertagen, wenn der Brunnen sprudelt, sitzen alle Generationen heiter-gelassen auf den Stufen des steinernen Halbovals und genießen den urbanen Raum. Er und seine Herrschaften passen wunderbar zu Fürth. Darauf darf man ruhig stolz sein.

Adresse Billinganlage 1a, 90766 Fürth-Eigenes Heim | **ÖPNV** Bus 172, 175, Haltestelle Billinganlage | **Öffnungszeiten** Espressohaus: Mo–Fr 10–18 Uhr, Sa 10–16 Uhr | **Tipp** Bei der Billinganlage steht an der Seite, wo die Straße zum Fürthermare abzweigt, eine große, grüne und funktionierende Persil-Uhr, die stilecht mit einer strahlend weiß gekleideten Dame an alte Zeiten erinnert – und einen Cache-Standort gibt es dort auch.

57 Bistro Galerie
Das Gefühl von Montmartre lebt

Früher ging man eine halbe Ewigkeit zum Simon. Doch dann dankte der Maestro mit dem Käppi, dessen Nachnamen keiner kannte, 2004 für immer ab, weil die Gesundheit nicht mehr mitspielte. So wurde Simons Bistro umgetauft – in Bistro Galerie. Mit Michael Niedermeier übernahm ein Gastronom das Haus, dem klar war, was er für ein Erbe antritt. Die Kultkneipe mit dem malerisch kleinen Biergarten im Hinterhof und der schmalen Stuhlreihe vor der Tür ist ein Gesamtkunstwerk. Gewachsen und gereift über Jahrzehnte ist dieser Ort, wo man sich zu zweit, maximal zu viert trifft, aber auch allein mit einem Buch oder dem Weltschmerz sitzen darf.

Drei, vier Tapas auf dem Teller, zudem eine gute Flasche Rotwein und die Chance auf ein tiefsinniges Gespräch an der Theke. Das genügt. Die ambitionierteren Mitglieder der Kultur- und Lebenskünstlerszene fühlen sich hier, in der Einflugschneise des Gustavstraßen-Kneipendorados, wie in Montmartre. Ähnlich wie ihre Brüder im Geiste aus der »Meisengeige« nebenan in der Ostvorstadt, nur dass hier hinten im Rückgebäude keine Kinofilme laufen.

Vieles ist unantastbar geblieben: das dunkle Bistromobiliar, die barbusige Dame im Regal hinter dem Tresen oder das Schild vor der Tür. Und natürlich müssen die Wände weiter mit besseren Gemälden aus Fürther Hand gefüllt werden. Zum Beispiel mit den farbenumspülten, kraftvollen Motiven von Birgit Maria Götz, die auch dem verblichenen Parkhotel ein Denkmal gesetzt hat.

Wegen der anhaltenden Querelen um Lautstärke, Sperrzeiten und Kneipenleben in der Gustavstraße hat es auch hier Reglementierungen bei der Livemusik gegeben. Also werden CDs von einheimischen Bands ausgelegt, angereichert mit literarischen Werken, die ab und zu auch mal bei Lesungen zur Aufführung kommen. Samt einem roten portugiesischen »Messias« ergibt das die Erkenntnis: Simons schönes Erbe lebt. Zum Glück.

Adresse Gustavstraße 14, 90762 Fürth-Innenstadt | **ÖPNV** U 1, Haltestelle Rathaus | **Öffnungszeiten** Mo–Sa 18–1 Uhr, Mittagstisch Mo, Mi 11.30–14.30 Uhr | **Tipp** Ein Häusla weiter gibt es an der Ecke Gustav-/Baldstraße afghanische Küche im Restaurant »Kabuliyan«. Weiter vorne hat der Grüne Baum wieder offen, Fixpunkte sind die Kaffeebohne und das Pfeifndurla. Der Gelbe Löwe hat sich vorerst verabschiedet, doch das Alte Rentamt lebt, wo 1903 die Spielvereinigung Fürth gegründet wurde – eine Tafel erinnert daran.

58 Der Blaue Affe
Tierischer Klassiker mit Blümchenmuster

Es gibt ihn wirklich, den blauen Affen. Einer steht am Tresen und grinst breit in die Kneipe, die zu den Gastroklassikern der Südstadt zählt. Angesagt sind schlichtes Holzmobiliar, echte Blümchentapete, einheimisches Bier und bürgerliches Essen von der handgeschriebenen Tafel, wobei der Schweinebraten mit Kloß als Aushängeschild gilt. Die legendäre Wirtin Margarete Derbfuß-Schubert stand hier 37 Jahre am Zapfhahn. Als sie 1994 in Rente ging, heulten die Stammgäste. Ein Kneipenkollektiv um die blonde Angie Ritter hat den »Affen« übernommen und am bewährten Konzept festgehalten. Folglich dominieren rote Blüten an den grün getünchten Wänden und Lachsrot beim Boden. Und am Schluss wird bei der »Zahlstelle« vorne am Tresen der Bierdeckel vorgezeigt.

Mag das Gasthaus auf den ersten Blick ein bisschen museal wirken: Allabendlich geht es quicklebendig zu. Erst recht am 50 Jahre alten Kicker, wo nikotinbraune Ziffern als Spielstandsanzeiger an die gar nicht so fernen Zeiten ohne Rauchverbot erinnern. Noch immer ist der »Affe« eine Hochburg des Tischfußballspiels, der unübersehbar im hinteren Wirtsraum steht. Mit fünf Cent ist man ziemlich günstig dabei – und in den Sommermonaten winkt nach heiß umkämpften Partien eine angenehme Abkühlung auf den zwei Ebenen des schattigen Biergartens, worauf neben der Eingangstür hingewiesen wird.

Reichlich Spekulationen ranken sich um die Frage, womit eigentlich der Kneipenname zu tun hat. Hoch im Kurs steht die Theorie, dass am Ende der Straße früher einmal eine Flößerstation war, wo Leute anheuerten, die man »Blaue Affen« nannte. Was damit zu tun haben kann, dass die Herrschaften tätsächlich ziemlich blau waren – beziehungsweise »einen Affen hatten«, wie man auf Fränkisch sagt. Heute sitzt auf dem Tresen jedenfalls ein blauer Kunststoff-Affe, der keine große Vergangenheit hat, sondern aus einem schnöden Baumarkt stammt.

Adresse Flößaustraße 9, 90763 Fürth-Südstadt | **ÖPNV** Bus 67, 173, 174, 177, 178, Haltestelle Flößaustraße | **Öffnungszeiten** täglich 17–1 Uhr, Küche bis 22 Uhr | **Tipp** Ein paar Schritte weiter geht es über die Austraße runter ins Rednitztal, von wo man beliebig lange Wege spazieren, joggen und radeln kann. Sofern es kein Hochwasser gibt – für den Fall kann man aber auf Holzstegen das Flusstal durchqueren.

59 Der Bruder-Kreisel
Freundlichste Dauerbaustelle des Universums

Wer hier das erste Mal vorbeifährt, dem kommt die Szenerie auf der lang gezogenen Fläche des Kreisverkehrs in Burgfarrnbach unverdächtig vor. Schaut ja wie bei einer ganz normalen Baustelle aus: Zwei kleine Schaufelbagger stehen sich gegenüber, vier Männer und eine Frau hantieren herum. Einer mit Besen, einer mit Presslufthammer. Flankiert von einer Schubkarre mit Spitzhacke drin, von einem Steinhügel und zwei Tafeln mit der Aufschrift »Betreten der Baustelle verboten. Eltern haften für ihre Kinder«. Dann stechen einem aber zwei riesige silberne Unterarme mit Händen ins Auge, die auf jeder Seite einen Bagger halten. Und im selben Moment macht es: klick!

Na klar, bei diesem Kreisverkehr wird nicht wirklich gebaut. Es handelt sich um ein Stück Installationskunst im öffentlichen Raum. Sie sorgt seit Juni 2014 für die vermutlich freundlichste Dauerbaustelle des Universums. Jahrelang geht es nicht voran, doch niemand kümmert es. Alles gut so, es geht um Kinder und Phantasie, ums Baggern und Schaufeln. Passend zum spielerischen Ansatz heißt der Titel des Werks »Dreams come true – Träume werden wahr«.

Geschaffen hat es der Bildhauer Lorenzo Quinn, Jahrgang 1966 und der fünfte Sohn des berühmten Schauspielers Anthony Quinn (»Alexis Sorbas«). Es war Paul Heinz Bruder, geschäftsführender Gesellschafter des Fürther Familienunternehmens, der das 350.000 Euro teure Kunstwerk in Auftrag gab und es samt dem Umbau der Kreuzung der Stadt Fürth spendierte. Der Standort ist kein Zufall, denn nebenan befindet sich entlang der Bernbacher Straße das Firmengelände von Bruder Spielwaren.

»Im phantasievollen und kreativen Spiel geht es schließlich auch darum, die Welt zu begreifen.« So lautete ein zentraler Satz bei der Eröffnung des Bruder-Kreisels. Wer dort heute eine Pause macht, versteht die Botschaft. Während nebenan Autos gefühlvoll abgebremst werden. Ein genialer Schachzug.

Adresse Kreuzungsbereich von Bernbacher Straße, Breiter Steig und Külsheimstraße, 90768 Fürth-Burgfarrnbach | **ÖPNV** Bus 172, Haltestelle Burgfarrnbach / Tulpenweg | **Tipp** Für Tierfreunde gibt es um die Ecke am Breiten Steig 25 das Hundezentrum Pro Canem, Gartenliebhaber können sich ein paar Steinwürfe entfernt am Kompostplatz günstig mit frischer Erde eindecken.

60 — Die Charly-Mai-Anlage
Abheben wie ein Weltmeister

Bestimmt hat er als Kind mal am Schießanger gekickt. Denn wer in Fürth geboren ist, muss irgendwann mit Kumpels und Ball unten auf der Wiese nördlich der Altstadt stehen. Karl Mai, Jahrgang 1928, ging erst im Jahr 1942 zur Spielvereinigung. Als linker Läufer absolvierte der »Charly« 21 Partien in der deutschen Nationalmannschaft – und er war 1954 Stammspieler bei der Weltmeister-Mannschaft, die das »Wunder von Bern« schaffte.

1958 wechselt er zum FC Bayern München, nachdem er für die Spielvereinigung 17 Tore in 182 Spielen in der Oberliga Süd erzielt hatte. Doch das nahm man ihm nicht krumm. Über Österreich und die Schweiz sowie eine Trainerstation in Ingolstadt kehrte Mai, der zeit seines Lebens als kritischer Kopf bekannt war, Mitte der 60er Jahre in die Kleeblattstadt zurück. Viele Jungs lernten ihn später als Sportlehrer persönlich kennen.

»Charly« und Ehefrau Else waren gern gesehene Gäste im Ronhof. Trotzdem dauerte es nach seinem Tod elf Jahre, bis die Stadt ihren berühmtesten Kicker ehrte und 2004 die Bezirkssportanlage am Schießanger nach ihm benannte. Heute erinnert nicht nur in der Fußgängerzone eine Tafel an ihn, auch am 2007 angelegten »Ehrenweg« ist er zu finden. Und nachdem ihn die Fans 2010 zum 100-jährigen Bestehen des Sportparks Ronhof in die »Elf des Jahrhunderts der SpVgg« wählten, ist der Mann mit der Nummer 6 in der neuen Haupttribüne zu bewundern.

Auf der Charly-Mai-Anlage wird viel Sport getrieben. Fußball und Leichtathletik natürlich, seit Sommer 2013 heben neben der Laufbahn zudem die Skateboard- und BMW-Akrobaten weltmeisterlich ab. Dank einer 200.000-Euro-Spende der Carl-Friedrich-Eckart-Stiftung konnte eine professionelle Bahn errichtet worden. Im Sommer 2017 ist am Rand außerdem die Julius-Hirsch-Sporthalle mit der schicken Dachkonstruktion fertig geworden. Charly Mai wäre bestimmt auch davon begeistert gewesen.

Adresse Kapellenstraße 41, 90762 Fürth-Innenstadt; die Sportanlage wird von der Stadt Fürth betrieben, Tel. 0911/74480100 | **ÖPNV** U 1, Haltestelle Rathaus oder Stadthalle | **Tipp** Gleich um die Ecke, in der Kapellenstraße 47, befindet sich das Kinder- und Jugendhaus »Catch up«, das 2006 dort einzog, wo zuvor ab 1958 das Jugendhaus Lindenhain war Auch die gemeinnützige Beschäftigungs- und Qualifizierungsgesellschaft »Elan« der Stadt Fürth ist inzwischen hier ansässig.

61 Die Direktorenvilla
Im Reich von Heinzelmann und Zauberspiegel

Fast in Lebensgröße steht er im Erdgeschoss. Dunkler Anzug, freundliche Miene – wie sich ältere Semester an »ihren« Max Grundig erinnern. Der 1908 in Nürnberg geborene Unternehmer war ein Selfmademan, der im November 1930 das Geschäft Radio-Vertrieb Fürth gründete und vom Eckhaus in der Alexanderstraße eine Weltmarke aufbaute. Richtig groß wurde Grundig nach dem Krieg, als er mit dem »Heinzelmann«-Radiobausatz einen Volltreffer landete. Dieses Gerät ist mit vielen Beispielen aus der Pionierzeit von Radio, Hi-Fi und TV im Rundfunkmuseum zu sehen, das nach Anfangsjahren im Burgfarrnbacher Marstall seit 2001 in der »Alten Direktion« residiert.

Das vierstöckige Gebäude mit dem Turmzimmer, das nachts blau beleuchtet ist, ist ein ideales Domizil, um alte Röhrenradios oder futuristische Fernseher wie den »Grundig Zauberspiegel GLM 2 Sterne« von 1959 zu zeigen. Die Schau bietet viele Infos, bewusst düster wird die NS-Zeit samt dem Volksempfänger präsentiert. Spielerisches Lernen ist den Machern sehr wichtig, weshalb man die Experimentierwerkstatt stetig ausbaut und aktuelle Themen wie Streaming, digitale Medien und Netflex verstärkt integrieren will.

Was Max Grundig betrifft: Sein legendärer Wutanfall mit dem Fernsehrauswurf fand nicht in der Direktorenvilla statt, sondern in einem Gebäude an der Kurgartenstraße, wo das Unternehmen expandierte. Als Max Grundig sein Imperium 1984 an den Konkurrenten Philips verkaufte, folgte der Niedergang – mit der Insolvenz 2003. Die Marke existiert noch, mit Fürth hat sie nichts mehr zu tun.

In den Werkshallen ist die »Uferstadt« entstanden, wo Hightechfirmen und auch Uni-Lehrstühle ansässig sind. Im Rundfunkmuseum kann man Geburtstag feiern, Hörspiele aufnehmen und Evergreens von Beatles, Stones oder Elvis hören. Der passende Sound für eine Ära der Unterhaltungselektronik, in der Fürth Weltruf genoss.

Adresse Kurgartenstraße 37, 90762 Fürth-Innenstadt, www.rundfunkmuseum.fuerth.de |
ÖPNV U 1, Haltestelle Stadtgrenze | **Öffnungszeiten** Di – Fr 12 – 17 Uhr, Sa, So
10 – 17 Uhr, jeder 1. Do im Monat 12 – 22 Uhr | **Tipp** Über den Quellensteg kommt man
auf den Pegnitztalweg und überquert nach rund 200 Metern ostwärts in Höhe der düsteren
A-73-Unterführung die Stadtgrenze nach Nürnberg. (Wissenswertes dazu gibt es im Buch
»111 Orte in Nürnberg, die man gesehen haben muss«.)

62 Die Fischtreppe
Eleganter Schleichweg im Rednitztal

Kein Schild, nicht mal ein Wink weist auf diesen Schleichweg im Rednitztal hin. Man muss ihn also entdecken. Am besten geht man bei der Flutbrücke runter auf den Quellenweg, der zum Fürthermare führt. Kurz nachdem es durch die Wiese geht, muss man aufpassen: Ein schmaler Trampelpfad zweigt in beide Richtungen ab – und der linke ist der richtige, um zum »Umgehungsgerinne« zu kommen, wie es im Amtsdeutsch heißt, das eine wichtige Funktion hat: als Fischtreppe.

Zwölf Jahre nach dem Bau der neuen Flutbrücke hat das staatliche Wasserwirtschaftsamt 2007 ein aufwendiges Projekt geschultert. Das Ziel war, die ökologischen Verhältnisse zu verbessern und einen durchgängigen Weg für die Fische zu schaffen. Um das drei Meter hohe Wehr nahe der Würzburger Straße zu vermeiden, musste eine Umleitung gebaut werden. Das hieß: ein 275 Meter langer Bachlauf, der linker Hand über eine Klappe oberhalb der Förstermühle abzweigt und kurz vor der Flutbrücke in den Scherbsgraben mündet.

Von dort geht es nach weiteren 650 Metern unterhalb der Dietrich-Bonhoeffer-Brücke zurück in die Rednitz. Die Fischtreppe hat fünf Schwellen aus Naturstein bekommen, die nach sechseinhalb Jahren richtig eingewachsen sind und natürlich aussehen. Und es gurgelt an den Stufen sogar wie bei einem kleinen Gebirgsbach. Dazwischen kann man jede Menge Fischschwärme sehen, was belegt, dass das von Menschen gemachte Angebot gut angenommen wird.

Auf dieser Tour werden Erinnerungen an Zeiten wach, als es in Fürth noch professionelle Fischer gab, woran eigentlich nur noch die Straßenschilder der Oberen und Unteren Fischerstraße in der Altstadt erinnern. Nicht zuletzt die Verlegung der Pegnitz hat ihnen sozusagen das Wasser abgegraben. Ein paar Steinwürfe entfernt, bei der Wolfsgrubermühle, gibt es neben dem Jubiläumshain, der im Jahr 2007 angelegt wurde, eine weitere Umleitung für Fische.

Adresse beim Quellenweg hinter der Flutbrücke, 90762 Fürth-Innenstadt | ÖPNV U 1, Haltestelle Stadthalle | Tipp Unterhalb der Altstadt, wo früher die Pegnitz vorbeifloss, gibt es ein hübsch saniertes Fischerhäuschen – und kurz oberhalb grüßt die »Stadt Venedig«, eine seit Langem bestehende Szenekneipe, die überlebt hat – im Gegensatz zum »Wassermann«, der der neuen Flutbrücke weichen musste.

63 Die Flussmündung
Ein Wallfahrtsort für Turteltäubchen

Manche kommen von weit her, um an der Stelle Verlobung zu feiern, wo Pegnitz und Rednitz zur Regnitz zusammenfließen. Das spricht für einen besonderen Ort. Und wer unterhalb der Fürther Altstadt an der Flussmündung steht, spürt schnell, dass dieser Platz prädestiniert ist für Liebende. Die alte, weitverzweigte Eiche am linken Rand der Landspitze hat sicher zahllose Pärchen gesehen, die Schulter an Schulter oder Arm in Arm dem Wasser nachschauten.

Turtelplätze gibt es an diesem Wallfahrtsort für Romantiker genügend. Allein 30 schwere Steinquader parken am Rand. Und wer sich weder dort noch auf die Erde oder ins Gras setzen will, kann sich auf die hölzernen Latten niederlassen, die ein bisschen an das Deck eines gestrandeten Schiffs erinnern. Was ja durchaus passt und dafür sorgt, dass man die Flussmündung an Regentagen halbwegs trockenen Fußes erreicht.

Wenn nicht gerade Hochwasser angesagt ist, was im Extremfall das ganze Tal unpassierbar macht, zieht der Fluss hier gemächlich vorbei. Als wollte er uns sagen: »Seht her, Leute, das Leben ist doch ein zäher, langer Fluss – es hat wenig Sinn, allem hinterherzuhecheln. Besser ist es doch, eine Pause einzulegen und die Natur zu genießen, mit all ihren sinnlichen Schönheiten.« Und wer sich darauf einlässt, kann im Frühjahr zwischen Brennnesseln und Löwenzahn die ersten Vergissmeinnicht entdecken und zugleich einem fröhlichen Pfeifkonzert von Zilpzalp, Zaunkönig, Rotkehlchen und Grünfink lauschen. Und unverblümt winken von Menschenhand gemachte Botschaften, die Pärchen auf Holz und Steinen hinterlassen haben, um zu dokumentieren, dass etwa Jessi und Noel hier waren.

Noch was: Wer bisher keine Ahnung hat, woher der Name Fürth kommt, dem können hier die Augen geöffnet werden. In Sichtweite ist die Furt, die vor über 1.000 Jahren die Ersten an einen schönen, grünen Flecken geführt hat.

Adresse 200 Meter nördlich der Kapellenstraße, wo die neue Fürther Feuerwache errichtet wird, Radfahrer nehmen den Käppner- und Friedhofweg, 90763 Fürth-Innenstadt | **ÖPNV** U1, Bus 172, 175, Haltestelle Kulturforum | **Tipp** Der große Spielplatz neben der Flussmündung bietet Spiel- und Trainingsgeräte für alle Generationen – und eine Tarzanbahn.

64 Das Frauenkulturmuseum
Fingerzeige aus weiblicher Sicht

Fürth war immer ein gutes Pflaster für Ideen, die etwas aus dem Rahmen fallen. Wie im Mittelalter bei Handwerkern, die Probleme mit den Zünften hatten. Oder beim Verein mit dem etwas sperrigen Namen »Frauen in der Einen Welt – Zentrum für interkulturelle Frauenalltagsforschung und internationalen Austausch«, der 1989 in Nürnberg gegründet wurde, aber erst durch die Unterstützung der Stadt Fürth seit 2003 richtig präsent sein kann.

Anfangs bespielte die Fraueninitiative um Sibylle Meyer leer stehende Läden in der Innenstadt. Dabei entstand eine Art Grundstock für ein mobiles Museum, zugleich wurden Drähte ins Fürther Kulturreferat geknüpft. Und da der Marstall des Burgfarrnbacher Schlosses leer stand, können die Räume seit 2006 genutzt werden – und zwar für ein bayernweites Novum: das Museum Frauenkultur Regional – International.

Das historische Gebäude dient zum einen als Basislager für bisherige Projekte, wie über Kopftuchkulturen, Dienstmädchen, Bierbrauerinnen oder das »Abenteuer Ehe«. Zum anderen werden im Erdgeschoss feste Ausstellungen präsentiert, begleitet von Filmen, Vorträgen und Workshops. Um »Gewonnene Jahre – neues ZeitAlter für Frauen« ging es mal. Ausgehend von Statistiken zur Lebenserwartung lieferten Bilder, Statements und Skulpturen Fingerzeige aus weiblicher Sicht. »Ich will in den nächsten Jahren das Leben noch mal richtig genießen«, sagt eine Frauenstimme aus dem Off, während Schönheit unter dem Motto »FaltenReich« kunstvoll hinterfragt wird.

Zum multimedialen Ansatz gehören Videos und Zeitungsartikel ebenso wie der Griff in Schubladen. Hinterher wird draußen bei einer Tasse Kaffee weiterdiskutiert. Für das stimmige interkulturelle Konzept gab es 2014 den Frauenförderpreis der Stadt Nürnberg. Vielleicht führt er langfristig dazu, dass der marode Marstall saniert wird und das Haus ganzjährig geöffnet ist. Und nicht erst ab Mai.

Adresse Schlosshof 23, 90768 Fürth-Burgfarrnbach | **ÖPNV** Bus 172, Haltestelle Burgfarrnbach/Geißäckerstraße | **Öffnungszeiten** Anfang Mai–Ende Sept. Do, Fr 14–18 Uhr, Sa, So 11–17 Uhr, im Aug. nur So 11–17 Uhr; Führungen gibt es ganzjährig, Kontakt über www.frauenindereinenwelt.de | **Tipp** Der gepflegte Schlosshof nebenan lädt zum Spazierengehen ein, hat aber auch schöne Kinderspielplätze.

65 Die Freilichtbühne
Schillernd abheben in der steilen Stadtpark-Muschel

Es ist ein traumhaftes Gefühl. Der Weiher liegt einem zu Füßen, über dem Kopf raschelt ein Ahornblattzelt, von hinten glühen bunte Lichterketten und rauschen leise Fontänen, während vorne alles klar ist, weil die zehn Zuschauerreihen so steil ansteigen, dass kein Zwei-Meter-Mann die Sicht auf die Bühne versperren kann. Die Freilichtbühne des Stadtparks ist ein idealer Ort für packende Konzerte, Theateraufführungen und Kinofilme an einem lauen Sommerabend. Weil die Sitzbänke hart sind, sollte man sich allerdings ein Sitzkissen ausleihen.

Entstanden ist die Muschel 1950/51 im Rahmen des Umbaus für die Gartenschau, die der legendäre Stadtgartendirektor Hans Schiller konzipierte. »Grünen und Blühen« hieß das Motto. Und weil die Kleeblattstadt gerade Großstadt geworden war, durfte alles vom Feinsten und gern eine Nummer größer sein, damit die ehrwürdige Anlage, die 1867 auf Kosten des Maschinenfabrikanten Johann Wilhelm Engelhardt entstanden war, etwas mehr hermachte. 1878 war bereits der Schwanenweiher samt Wasserfall hinzugekommen, 1897 folgte nebenan das schmucke Stadtpark-Restaurant, das 1938 zum Großteil abgerissen wurde.

Über dem Gebäuderest, der heute als Bühne dient, wurde die Freilichtbühne in den Hang gebaut. Nebenan zog 1951 als gastronomischer Ersatz eine Milchgaststätte ein, wie noch immer auf der Fassade steht. Stadtparkcafé wird das lang gezogene Lokal mit der schönen, bestuhlten Pergola genannt. An heißen Sonntagen ist es hier überfüllt, angenehmer ist es vormittags. Die Pächterin führt auch bei der Freilichtbühne Regie, wo es auch Salsatanz, Kindertheater oder Open-Air-Kino nach 21 Uhr gibt. Zu allen Tageszeiten lockt nebenan die Hans-Schiller-Allee die Spaziergänger an – mit Blütenpracht, Baumpfad und Skulpturen, flankiert von Wasserspielen und einem idyllisch platzierten Schach-Tisch. Noch ein spezieller Ort zum Abheben.

Adresse Zugang von der Nürnberger Straße oder Otto-Seeling-Promenade, 90762 Fürth-Innenstadt | **ÖPNV** U 1, Haltestelle Jakobinenstraße | **Tipp** Der Stadtpark hat schöne Kinderspielplätze samt Minigolfanlage – und am östlichen Rand schließt sich das Gelände des städtischen Grünflächenamtes an, wo ein Pflanzenkalthaus mit Zen-Appeal steht, in dem empfindliche Pflanzen gepflegt werden. Entworfen vom Architekten Peter Dürschinger – muss man sich mal am Tag der offenen Tür der Stadt anschauen!

66 Die Fürther Freiheit
Paradiesisisch und manchmal gnadenlos

Die Freiheit hat einiges durchgemacht. Deshalb ist es gut, dass man sie eher dosiert mit Autos und Imbissbuden vollstellt. Bei größeren Festen, vor allem während der Michaeliskirchweih, ist das anders. Dann wird jeder Zentimeter ausgenutzt – und es ist beeindruckend, wie selbst die Platanenzeile eingepasst wird. Fürths größter Platz entstand 1835 mit der ersten deutschen Eisenbahn. Er lag anfangs am Stadtrand, durch das enorme Wachstum rückte die Freiheit ins Zentrum. Die Nazis ließen 1938 den Ludwigsbahnhof abreißen, um mehr Raum für Aufmärsche zu haben; sie legten auch einen unterirdischen Löschteich an und nannten die Fläche Schlageter- und später Hindenburgplatz.

Im April 1946 folgte die Umbenennung in Fürther Freiheit, wo die Straßenbahn bis in die 1990er Jahre herumkurvte. Mit der U-Bahn und dem Verschwinden von Wartehäuschen, Leitungen und Schienen begann die Diskussion über die weitere Nutzung, die immer wieder aufflammt – gerade mit Blick auf die Konrad-Adenauer-Anlage. Sie wurde nach der Vollendung der Neuen Mitte wieder aufgemöbelt, und im Frühjahr 2019 wird der neue Wochenmarkt mit festen Buden und losen Ständen angelegt, der nur während der Kirchweih eine Auszeit nehmen muss.

Auf der östlichen Seite steht seit 1995 der große Paradiesbrunnen, der vom Bildhauer-Paar Barbara und Gernot Rumpf stammt. Weil ihn Max Grundig gestiftet hat, wurde der Teil der »Kleinen Freiheit« nach dem Fürther Rundfunkpionier benannt. Die Brunnenanlage stilisiert den Garten Eden mit einem Baum in der Mitte, um den sich neben Adam und Eva tierische Figuren wie Einhorn, Schlange, Riesenschnecke und zwei Ratten gruppieren, überspannt von einem metallenen Bogen. Heiß geht es dort auch im Umfeld beim Fürth-Festival im Herbst zu, wenn das Publikum per »Applausometer« über Sieg oder Niederlage entscheidet. Dann kann es auf der Freiheit richtig gnadenlos zugehen.

Adresse Fürther Freiheit, 90761 Fürth-Innenstadt | **ÖPNV** U 1, Haltestelle Hauptbahnhof | **Tipp** Am westlichen Rand steht die Skulptur »Weltbaum«, die das Modehaus Fiedler 1991 zum 125-jährigen Bestehen gestiftet hat. Das Unternehmen, in der Rudolf-Breitscheid-Straße ansässig, meldete 2003 Insolvenz an. 2013 wurde das Kaufhaus abgerissen, um Platz für die »Neue Mitte« zu schaffen.

67 Die Gaggalas-Quelle
Heilwasser mit faulen Eiern

Es stinkt nicht überall. Wer aber den Brunnen-Pavillon mit den acht Säulen, der sanften Fontäne und dem dunklen Hahn auf dem Dach einmal umrundet, der begegnet unweigerlich dem Geruch von faulen Eiern. Und weil dieser Duft der eher unangenehmen Art hier in der Luft liegt, sagt der Volksmund schon immer Gaggalas-Quelle – und nicht Gustav-Adolf-Quelle, wie sie offiziell heißt.

Am Rand von Weikershof wurde von 1901 bis 1903 fast 727 Meter in die Erde gebohrt. Eigentlich wollte man auf Kohle und Kalisalze stoßen, doch bei 324,80 Metern tauchte im Buntsandstein Mineralwasser auf, das mit fünf Litern pro Sekunde sprudelte und angenehm lauwarm war. Untersuchungen zeigten, dass es sich um Thermalwasser handelte, in dem schwefelhaltige Verbindungen sowie Eisen, Chloride, Kalium, Magnesium und fluoridhaltiges Natrium gelöst sind.

Gutachten sprachen immer wieder von Heilwasserqualität, zuletzt 2007 nach dem Austausch der Eichen- durch Edelstahlrohre. Das hätte zum Namen Bad Fürth führen können. Durch den Zusatz von Kohlensäure wäre auch das Abfüllen von Mineralwasser möglich gewesen, doch jeder Ansatz scheiterte am Veto der Behörden. Nicht zuletzt, weil nebenan das Trinkwasserschutzgebiet liegt. Um 1934 baute der damalige Grundstückseigentümer illegal ein Schwimmbecken um die Quelle, das bis Ende der 70er Jahre stehen blieb. Dann wurde es abgerissen.

Ausgerechnet ein Nürnberger Bürgerverein im benachbarten Gebersdorf sorgte 1998 für die Renaissance der Gaggalas-Quelle. 2000 weihte man den Pavillon ein, der von zwei Bänken, vielen Bäumen und dem 2004 asphaltierten Rednitztalradweg flankiert wird, der von der Fürther Südstadt bis nach Stein führt. Obwohl amtlich verordnet »Kein Trinkwasser« geschrieben steht, macht eine Infotafel auf ein Gutachten vom März 2009 aufmerksam. Demnach ist das 21,5 Grad Celsius lauwarme Wasser »hygienisch einwandfrei«. Na denn: Prost!

Adresse zu erreichen über die Schwabacher Straße und den Pegnitztalweg, 90763 Fürth-Weikershof | **ÖPNV** Bus 67, Haltestelle Weikershof oder Fürth-Süd | **Tipp** Seit 2007 gibt es den Fürther Heilquellenweg, der 9,6 Kilometer lang ist und von der Espan-Quelle über die König-Ludwig-Quelle und das Thermalbad Fürthermare zur Gaggalas-Quelle führt.

68 Der Gauklerbrunnen
Spritzige Spaßvögel für Klein und Groß

Der Grüne Markt war immer ein Ort, wo es rundging. Ab dem 11. Jahrhundert wurden auf der leicht abschüssigen Fläche Waren gehandelt. Später ging es wegen des Autoverkehrs drunter und drüber – bis die Umgehungsstraße kam und der alte Marktplatz samt Gustavstraße verkehrsberuhigt wurde. Seitdem wirkt der Grüne Markt beschaulich, sofern nicht der Grafflmarkt, musikalische Festivitäten oder der Metropolmarathon für Menschenmassen sorgen.

Eine Attraktion bevölkert allerdings 365 Tage im Jahr den Grünen Markt: die witzige Truppe des Gauklerbrunnens. Im Zuge eines Sanierungsprojektes wurde der alte Markt 2004 noch mal mit EU-Geldern umfangreich aufgehübscht. Und im Zuge dessen ist die dreiteilige Brunnenskulptur des Künstlers Harro Frey auf der südlichen Fläche des Grünen Marktes verankert worden.

Die Figuren stecken voller pfiffiger Feinheiten, die jeden in den Bann ziehen, der genauer hinschaut. Da streckt sich eine Grazie mit ausgelassener Pose, da tanzt ein Derwisch auf einem Bein, während ein Ziegenbartkopf in ein Rohr bläst. Nebenan sitzen zwei Musiker Rücken an Rücken, während vier Schritte weiter ein Akrobat schwungvoll drei goldene Sichelmonde (oder sind es Würste?) auf einem langen Stab balanciert, umgeben von einem Trio, das schwungvoll singt und in die Saiten greift.

Ob mit oder ohne Wasser: Das turbulente Geschehen wirkt ansprechend. Kinder gehen auf Tuchfühlung mit den Gauklern, klettern auf ihnen herum und grinsen sich eins. Denn das hintergründig komponierte Treiben, zu dem ein Pärchen mit Masken in der Hand ebenso gehört wie eine goldene Kugel und ein schwarzer Hund, der an einem Sockel hochspringt, hat etwas schwer Kommunikatives. Sogar der »Goldene Schwan« oben am Eckhaus zur Königstraße wurde lange integriert, der aber schon länger abgebaut ist. Trotzdem: Man kann stundenlang danebensitzen und langsam ins Mittelalter abtauchen.

Adresse Grüner Markt, 90762 Fürth-Innenstadt | **ÖPNV** U1, Haltestelle Stadthalle oder Rathaus | **Tipp** Zwei Steinwürfe entfernt befindet sich das Geburtshaus von Wilhelm Löhe, dem Gründer der evangelischen Diakonissenanstalt Neuendettelsau anno 1854, einem großen Verfechter der Nächstenliebe. Im Gebäude ist eine Anlaufstelle der Evangelischen Jugend Fürth untergebracht.

69 — Der Greuther Teeladen
They never walk alone

Der Greuther Teeladen ist ein Kind der Fusion der SpVgg Fürth und des TSV Vestenbergsgreuth im Jahr 1995. Der Ableger der Familie Wedel und der Martin-Bauer-Gruppe war ein Kunstkniff, um den Fürthern das Miteinander mit den reicheren »Greuthern« schmackhaft zu machen. Am Anfang war also der Tee, den es in zig Geschmacksnoten vom Assam in der 1.000-Gramm-Packung bis zur Zimt-Ingwer-Mischung im Bio-Beutel gibt.

Von 1996 bis 2012 befand sich der Greuther Teeladen im Bauch des Stadions. Der Aufstieg in die Erste Bundesliga führte zum Zwangsumzug, damit der Presseraum vergrößert werden konnte. 200 Meter entfernt hat die Dreierkette aus Chefin Gerlinde Schum, Ulrike Liebert und Martina Firus die Erfolgsstory weitergestrickt. Lange waren Kartenvorverkauf und Fanartikel dabei. Und da Trikots noch wochenlang wunderbar würzig dufteten, galt der Teeladen als sinnlichster Fanshop der Welt.

Ursprünglich sollte er zurück in die neue Haupttribüne ziehen, doch der Verein führt nun dort seit August 2018 einen reinen Fanshop in Eigenregie. Sehr zum Bedauern der Teeladen-Damen, die alle Kleeblattfans sind. Doch Schum & Co. machen weiter und bleiben am Ball: Die Teesorten reichen von Artischockenblätter über Gunpowder bis Zinnkraut, bei den Gewürzen erinnern exotische Namen wie Rojo-Mojo, Chimicurri, Ras el Hanout, Gram Masala und Curry Jaipur an manche Spieler im Profikader. Und Extras wie Chillischneider, Allmächt-Tasse, Gewürzlexikon, Jamaika Rum Kandis Gold sowie BambooCups Flower Power sorgen für schöne Aktzente im Sortiment.

Fürther Trainerlegenden wie Benno Möhlmann schauen jedenfalls weiter ebenso regelmäßig vorbei wie Ex-Clubspieler Marc Oechler aus Nürnberg. Und beim neuen Wochenmarkt auf der Freiheit wird der Greuther Teeladen mit einer Depandance vertreten sein. They never walk alone – ganz egal, in welcher Klasse die Profis spielen.

Adresse Laubenweg 27, 90765 Fürth-Ronhof, www.greuther-teeladen.de | **ÖPNV** Bus 177, 179, Haltestelle Sportpark Ronhof | **Öffnungszeiten** Mo–Fr 9–18 Uhr, Sa 9–14 Uhr (Achtung: Einschränkungen bei Heimspielen) | **Tipp** Die Beck-Filiale am Laubenweg gleich in der Nähe, wo Fürther Fußballhelden von Charly Mai bis Loni Seiderer an der Wand hängen, flankiert von anderen berühmten Fürthern wie Ludwig Erhard, Henry Kissinger und Max Grundig.

70 Der Hainberg
Weitblick, Schafe und Silbergras

Jahrzehntelang rollten Panzer zum Hainberg. Sie dröhnten die breite Schwabacher Straße rauf und runter zum Truppenübungsplatz. Bis 1995 war die riesige Fläche ein Niemandsland, zwischen Nürnberg, Stein, Oberasbach und Fürth gelegen. Außer den Militärs durften hier auch Sanitätszüge für den Notfall proben und Motorräder knatternd über Stock und Stein rasen.

Die Kleeblattstadt streifte der Hainberg nur am Rande, doch das grüne Rednitztal, das sich direkt anschließt, hat inspirierend gewirkt, als die US-Truppen den mittelfränkischen Ballungsraum verließen und die Frage war: Was tun mit dem 213 Hektar großen Areal? Seit dem 1. März 1995 steht es unter Naturschutz. Das Aushängeschild der Sandachse Franken ist auch ein besonderer Fluchtpunkt für Leute geworden, die mal für eine gute Stunde das und die Weite suchen.

Auf der größten Sandmagerrasenfläche Nordbayerns wachsen seltene Gräser, Blumen, Kräuter. Viele gelten als bedroht, wie die Heidenelke, das Silbergras oder das Bergsandglöckchen. Und skurril ist die Existenz des Österreichischen Beifußes, den im Dreißigjährigen Krieg kroatische Soldaten mitgebracht haben sollen. Faszinierend ist neben dem schier endlosen Weitblick auch die jahreszeitlich wechselnde Färbung der Vegetation, die von Hellbeige über Zartgrün bis ins Violette und Bräunliche changiert. Und während Kaninchen fröhlich in der durchhöhlten Landschaft herumhoppeln (auch deshalb gilt strikter Leinenzwang für Hunde!), gibt es tierisch viel zu entdecken. Inklusive bizarren Baumstümpfen, die ganz langsam am Wegrand verfallen.

Rückzugsgebiete für Kreuz- und Knoblauchkröten bietet ein kleiner Teich, der Anfang 2019 saniert wurde. Gleich nebenan grast regelmäßig im Sommer eine große Schafherde. Sie sorgt dafür, dass der Trockenrasen kurz bleibt, genügend sandige Lücken vorhanden sind und das Biotop auch ohne Panzer überleben kann.

Adresse Zugang zum Beispiel über den Buckweg und Fernabrücke, 90763 Fürth-Weikershof | **ÖPNV** Bus 67, 70, 71, Haltestelle Fürth-Süd | **Tipp** Am nördlichen Rand befindet sich hinter der Fernabrücke die Wildwasserstrecke der SG Nürnberg-Fürth in der Rednitz, wo Kajakfahrer regelmäßig vor allem am Wochenende ihr Können zeigen.

71 Die Hohe Mitte
Leuchtturm mit Büchern, Terrazza und prächtiger Aussicht

Die Neue Mitte war ein Krimi, der ab 2003 im Herzen von Fürth spielte und die Stadt in Atem hielt. OB Thomas Jung träumte von einem Happy End, das lange nicht in Sicht war. Doch ab Herbst 2013 rollten im Karree von Parkhotel, Fiedler, Wölfel und City-Kino dann doch die Bagger. Zwei Jahre später füllten sich die MIB-Neubauten mit 16.000 Quadratmetern für Handel und Büros. Trotz ein paar Geschäftswechsel ist dieses Stück Stadtreparatur geglückt. Und es nährt Hoffnungen, dass auch die P&P-Gruppe bald den Fall City-Center ganz handfest mit »Flair« lösen kann.

Für einen Leuchtturm in der Neuen Mitte hat ein Kombi-Paket aus Kultur und Gastronomie gesorgt. Hohe Mitte heißt es, da der Standort oben im Eckhaus auf dem Ex-Parkhotel-Grundstück liegt. »Libreria, Caffè, Eventi«, steht auf dem Plakat der Terrazza, die von Christian Fischer-Silvia geführt wird. Der Südstädter mit sizilianischen Wurzeln wollte eigentlich nicht wie sein Vater in die Gastronomie. Doch dann inspirierte ihn der Kiosk beim U-Bahnhof Jakobinenstraße zu einer Bachelorarbeit über die Wiederbelebung eines alten Geschäftsmodells, die er ab September 2012 vor Ort erfolgreich umsetzte.

Als 2015 klar war, dass die Stadt oben in der Neuen Mitte eine Zweigstelle der Volksbücherei mit Bibliothekscafé verbinden will, kam Fischer-Silvia auf die Idee mit der Terrazza. Er bekam den Zuschlag, nun sorgt er hier für erstklassigen Cappuccino, italienische Snacks und leckere Süßigkeiten, den Kiosk 762 hat er an türkische Freunde verpachtet.

Vom Café und der prächtigen Aussicht profitiert auch die »Vobü« sehr, die Räume auf zwei Etagen nutzt. 2.000 Neuanmeldungen gab es allein im ersten Jahr, und die Veranstaltungen sind stets gut besucht. Ein Renner ist die musikalische Poetry-Slam-Reihe »Rooftop Stories« jeden ersten Donnerstag im Monat ab 19.30 Uhr. Zur warmen Jahreszeit läuft sie draußen auf der Dachterrasse. Himmlisch!

Adresse Friedrichstraße 6a, 90762 Fürth | **ÖPNV** U 1, Haltestelle Hauptbahnhof | **Öffnungszeiten** Terrazza: Di–So 9.30–19.30 Uhr (April–Sept. bis 21.30 Uhr), Vobü: Di, Do, Fr 11–19 Uhr und Sa 10–14 Uhr | **Tipp** Ein anderes Vorzeigeprojekt der Neuen Mitte ist das inklusive Café Samocca (mit eigener Kaffeerösterei) in der Rudolf-Breitscheid-Straße 4; es ist ein Projekt der Lebenshilfe Fürth und der Dambacher Werkstätten für Behinderte gGmbH, bei dem 15 Menschen mit Handicap beschäftigt werden.

72 Die Hornschuchpromenade
Jugendstil mit verflossenem »Adler«-Blick

Noch heute glaubt man, etwas rattern zu hören. Wie im Jahr 1835, als mit dem »Adler« die erste deutsche Eisenbahn von Nürnberg nach Fürth rollte. Vor der Endhaltestelle an der Freiheit ging es durch einen Straßenzug, der damals zügig zur Nummer eins auf dem Immobilienmarkt werden sollte: die Hornschuchpromenade. Ein Prachtbau mit Erkern, Türmen und gusseisernen Verzierungen reihte sich mit der Zeit an den nächsten. Wer sich's leisten konnte, gönnte sich ein Domizil mit »Adler«-Blick. Ein Wettbewerb der Gründerzeitarchitektur brach aus, den man heute noch bestaunen kann.

Dann kam im 20. Jahrhundert die »Elektrische«. Das Geräusch der Straßenbahn klang nicht ganz so romantisch. Und trotzdem ist die Hornschuchpromenade und vis-à-vis die Königswarterstraße ein Blickfang geblieben. Was auch Filmemachern nicht entging, wie »Jenseits von Gut und Böse« (1976) von Liliana Cavani oder »Das Schlangenei« (1977) von Ingmar Bergmann bewiesen, die hier gedreht wurden. Eine Augenweide ist besonders das Eckhaus mit den runden Balkonen!

Als die U-Bahn in den 1990er Jahren die Strasserboh verdrängte, verschwand mit den Schienen auch das Rumpeln. Und man schaute wieder genauer auf die denkmalgeschützte Promenade, wobei etliche Bausünden ins Auge stachen, die von der Stadt genehmigt worden waren. Alles andere als eine Zierde für die Denkmalstadt Fürth!

Ein paar Blitzableiter mussten her. So wurde mitten auf der Rasenfläche zwischen den Häuserzeilen und Baumreihen eine Reihe an Skulpturen verankert, über deren ästhetische Qualität die Ansichten auseinandergingen. 2016 sind sie bis auf Sockelreste abgebaut worden, Ersatz ist nicht geplant. Dafür soll die kleine Grünanlage am Rand, die nach dem früheren Bundeskanzler und Friedensnobelpreisträger Willy Brandt benannt ist, richtig aufgehübscht werden. Hey, da wird's aber höchste Eisenbahn!

Adresse Hornschuchpromenade, 90762 Fürth-Innenstadt | **ÖPNV** U 1, Haltestelle Jakobinenstraße | **Tipp** An der Ecke zur Luisenstraße zweigt eine Fußgänger-Verbindung nach unten in die Südstadt ab, die auch für Radfahrer freigegeben ist: der Luisentunnel. Er besteht seit 1913 und wird wegen einer Sprayer-Aufschrift vielfach »Yusuf-Tunnel« genannt. Auf der Südseite besitzt er an der Karolinenstraße einen alten Eingangspavillon als Wetterschutz.

73 Interkulturelle Gärten
Wo die ganze Welt zusammenwächst

Das Miteinander der Kulturen braucht Orte, wo sie miteinander wachsen können. Was könnte dafür besser geeignet sein als ein Garten? Dieser Gedanke hat zu einem Vorzeigeprojekt geführt, das 2007 an der Uferpromenade Wurzeln geschlagen hat. Vom Zentrum Aktiver Bürger waren die Interkulturellen Gärten ein Jahr geplant worden, bis klar war, dass es dafür ein Stück Brachland an der Rednitz gibt. Seit 2008 führt ein Verein die Anlage mit 65 Mitgliedern von allen Kontinenten.

Entsprechend bunt geht es bei den 30 zaunlosen Beeten à 25 Quadratmeter zu. Da liegt Indien neben Deutschland, was hier Chili und Kichererbsen bedeutet und Bohnen, Radieschen und Johannisbeersträucher dort. Das deutsche Beet betreut die Vereinsvorsitzende Helga Balletta, die seit 2011 aktiv dabei ist. Nach dem »Bauerngarten«-Prinzip blühen bei ihr Blumen neben Knoblauch und Kohlrabi, aber auch Seltenes gedeiht – wie blaue und rote Kartoffeln.

»Jeder kann rein, wenn jemand da ist«, lautet das offene Motto der Anlage. Üppig geht es bei den Portugiesen zu, wo Tomaten neben Kunstwerken emporranken. Bei den Vietnamesen wächst von Kürbissen bis Koriander viel, was in eine Suppe passt; auch bei den Philippinos geht die Tendenz zum Nutzgarten. Entdeckungen lauern sonst auf engstem Raum, weil die Gartenwelten von Äthiopien, USA, Australien, Taiwan oder Kosovo oft nur ein Spatenstich trennt.

Wichtig ist allen ein Interesse am Miteinander, das durch Feste und Lesungen ebenso gefördert wird wie durch Putztage und gemeinsames Nutzen von Geräteschuppen, Kräuterbeet, Kompost und zentralem Pavillon. Dass so ein Garten Arbeit macht, wird manchen erst mit der Zeit klar. Deswegen rücken immer wieder neue Kulturen nach. Weil die Warteliste so lang ist, hat die Stadt 2018 zwei neue IKGs in der Friedenstraße und auf der Hardhöhe genehmigt. Die Welt wird hier verstärkt auf Hochbeeten zusammenwachsen.

Adresse Uferpromenade, Höhe Bogenstraße, 90762 Fürth-Südstadt | **ÖPNV** Bus 172, Haltestelle Theaterstraße, oder U 1, Haltestelle Stadthalle, besser aber zu Fuß oder per Fahrrad hinfahren | **Tipp** Um die Ecke stehen senkrecht zum Fluss vier Backsteinhäuserzeilen, die 1898 von Georg Kißkalt gebaut wurden. Die Arbeiter-Wohnanlage zwischen Erlen- und Denglerstraße ist denkmalgeschützt und teils vorbildlich saniert.

74 Das Jugendhaus Hardhöhe
Gesprühte Härtegrade mit weichem Kern

Hardhöhe klingt in Fürther Ohren nach Brennpunkt. Wie Hasenbergl (München) oder Neukölln (Berlin). Andere denken bei dem Namen an Bonn und das ehemalige Verteidigungsministerium auf der Hardthöhe. Auch die Fürther Hardhöhe oben im wilden Westen hat militärische Zeiten erlebt, als während der NS-Zeit Maschinen vom Flugplatz Atzenhof drüberdonnerten und später von 1950 bis 1955 sogar die Landebahn des Industrieflughafens Nürnberg-Fürth um die Ecke war.

Am U-Bahnhof Hardhöhe erinnert eine Tafel samt Schwarz-Weiß-Foto an diese Zeit. Eine andere Tafel weist auf ein noch härteres Stück Geschichte hin: die Schlacht zwischen dem Schwedenkönig Gustav Adolf und Wallenstein, die hier im Jahr 1632 zu einem großen Militärlager geführt hatte. Heute dominieren bis zu 15-stöckige Hochhäuser und viele Betonklötze aus den 1960er Jahren das Bild im Viertel, flankiert von großen Werkshallen der Firmen Siemens und Uvex sowie einem langen Band aus Einfamilienhäusern. Und am westlichen Rand führt ein Weg vorbei an einer Kleingartenanlage zum Jugendhaus Hardhöhe.

Der Flachbau besitzt mit einer Vielzahl an Graffiti fast Bronx-verdächtige Härtegrade – zumal dahinter Teile der lang gezogenen Lärmschutzwand (die Abgrenzung zu Norma und Ebl) bunt besprüht sind. Ganz legal übrigens. Aber man erkennt auch, dass hinter den grellen Bildern eher nette Typen stecken. Die mit Herzchen versehene Liebeserklärung »Das beste Jugendhaus der Welt« spricht für sich.

Seit Dezember 1982 gibt es diese Anlaufstelle, die Leiter Sebastian Fischer täglich gegen 14.30 Uhr aufsperrt. Und längst schauen nicht nur die Kids von der »Hard« vorbei, weil das Domizil ein beliebter Treffpunkt der Skaterszene geworden ist. Gern hätte man eine große Anlage vor der Tür gehabt. Doch die Ideen wurden aus Baumschutzgründen anderswo realisiert: am Schießanger bei der Charly-Mai-Anlage (siehe Kapitel 60).

Adresse Hardstraße 231, 90766 Fürth-Hardhöhe | **ÖPNV** U 1, Haltestelle Hardhöhe oder Bus 171, Haltestelle Hansastraße | **Tipp** Es lohnt sich, mal mit der U-Bahn bis zur Endstation Hardhöhe zu fahren. Der Bahnhof ist schön gestaltet worden – wie das gesamte Umfeld der Station.

75 Der Kaiserplatz
Der Anfang vom Ende oder ab nach Las Vegas

Eigentlich ist es eine Frechheit, wie der Kaiserplatz aussieht: Altglascontainer, Streusandkisten, Stromkästen und Telefonsäule bevölkern den Rand, der Rasen ist vermoost, der Kinderspielplatz auf eine Schaukel beschränkt, und der Brunnen hat seit Ewigkeiten kein Wasser gesehen, weil die Rohre gekappt sind. Kein Wunder, dass seit Jahren eine Sanierung gefordert wird, doch es passiert nichts. Was daran liegen könnte, dass dahinter so was wie künstlerisches Kalkül steckt.

Nach dem Motto »Nie mehr Monarchie!« symbolisiert der Kaiserplatz das Anfang vom Ende. Dazu passt auch der Döner-Imbiss »Troya«, den Birim Özay seit Juli 2011 im Gebäude der letzten Ex-Flaschenbierhandlung des Viertels führt. Mit blinkendem Namensschild und einer einzigen Bierbankgarnitur. Spartanisch eben. Bis ins 19. Jahrhundert standen hier übrigens viele Bäume, woran der Name Waldstraße erinnert. Als sich mit dem Siegeszug der Industrialisierung aber die Firmengründer südlich der Bahngleise ansiedelten, wollten die Neureichen partout nichts mit dem Wald zu tun haben. Also wurde der Abschnitt zwischen Karolinen- und Herrnstraße in Ritterstraße umbenannt. Die Zeiten haben sich geändert. Zuerst dankte der Kaiser ab, dann verschwanden die Fabriken, vom Spiegel-Wiederer über den Schaufensterpuppen-Jung bis zu Elektronik-Metz. Kreativzentren und Lofts brachten neues Leben.

Hier stand die Wiege des Czurda-Tanztheaters, hier zogen Modern-Dance-, Werbe- und Tonstudios ein und jede Menge Lebenskünstler. Sie alle gehen über den Kaiserplatz und ahnen oft nicht, dass dahinter gleich die Glückstraße beginnt. Ironie des Schicksals: Wer der Waldstraße nach Süden folgt, landet rasch im Klein-Las-Vegas nahe der Nürnberger Stadtgrenze. Zwischen Fast Food und Autohändlern winken Casinos und Spielsalons en masse. Wohl dem, der am Kaiserplatz auf einer schattigen Bank sitzen bleibt.

Adresse Kaiserplatz, 90763 Fürth-Südstadt | ÖPNV Bus 173, 174, Haltestelle Ritterstraße | Tipp Über die Glückstraße gelangt man zur Flößaustraße, wo linker Hand ein lang gezogenes Wohngebäude steht, in dem von 1963 bis 1991 die Carrera-Spielzeugrennbahnen gebaut wurden. Ein Stück Betonfassade erinnert noch an diese Zeiten.

76 Das Kettenkarussell
Himmlische Kärwa-Gefühle am Hallplatz

Der Hallplatz ist ein Ort zum Davonlaufen. Und es nutzt nichts, dass er hinten nach dem früheren bayerischen Ministerpräsidenten Franz Josef Strauß benannt ist. Zu viele Autos, zu viele Kopfsteine, zu versteckt das Grün, da kann einem die Kirche »Unsere Liebe Frau« nur leidtun. Wie einfach es ist, den Platz aus dem Schattendasein zu reißen, merkt man aber alle Jahre, wenn Ende September die Schausteller kommen.

Die Michaeliskirchweih lässt die Uhren zwölf Tage anders ticken. Hinterher reibt man sich die Augen. Wie schön es doch ist, wenn die Autos ausgesperrt und Straßen zum Herumgondeln da sind. Zwischen Heringsbrater, Los- und Imbissbuden stehen hier ein Gurkenheiner, dort der »Messer Mo«, ein paar Fahrgeschäfte und das klassische Riesenrad. Und in der Moststraße lauert der Billige Jakob, der einem im Nu elf Paar Wintersocken plus Schuhputzcreme angedreht hat, umringt von einer grinsenden Menschentraube.

Wer den Heidenspaß genossen hat, den zieht es runter zum Hallplatz. Um die Kirche schmiegen sich Buden mit Gewürzen, Haushaltswaren, supersüßen Mandeln und heißen Maiskolben. Das ist immer so, aber nur schmückendes Beiwerk für das gute Stück, das zur Färdder Kärwa gehört wie das Kleeblatt zur Stadt: das Kettenkarussell.

Der bayerisch-barocke »Wellenflug« entpuppt sich mit Fähnchen geschmückt als immergrüne Attraktion für Klein und Groß. Mindestens eine Runde zieht es einen auf die an Ketten hängenden Sitze, die sich zuerst langsam drehen, bis sie hochgezogen werden und eine unaufhaltsam schöne Luftreise beginnt. Wie ein Schwarm Vögel kreisen und kreischen die Menschen federleicht zwischen Stadttheater und Kirche, mit der Flucht der Königstraße zu Füßen. Das weckt himmlische Gefühle und den Wunsch: Möge die Kärwa als Weltkulturerbe doch immer da sein – oder wenigstens die Stadt ganz schnell ernst mit dem Umbau des Hallplatzes machen.

Adresse Hallplatz, 90762 Fürth-Innenstadt | **ÖPNV** U1, Haltestelle Rathaus | **Öffnungszeiten** Die Fürther Kirchweih läuft in der Regel von Ende Sept.–Mitte Okt. | **Tipp** Es lohnt sich ein Blick in die spätklassizistische Kirche »Unsere Liebe Frau«, 1824 bis 1828 erbaut nach Plänen des Architekten Leo von Klenze.

77_Der Kioski
So spinnen die Finnen – am dritten Ort

Finnen haben immer noch den Ruf, einen Hang zum Schrägen und zur Melancholie zu haben. Wie das aussieht und klingt, zeigen Filme der Kaurismäki-Brüder und der Sound der legendären Leningrad Cowboys. Wie sich das hautnah anfühlt, kann man im Kioski live erleben – dem mutmaßlich einzigen finnischen Plattenladen südlich der Ostsee, wie auf der Homepage steht.

Ausgedacht hat ihn sich Martti Trillitzsch. Ein umtriebiger Musiker, Produzent, DJ und Geschäftsmann, der 1965 auf Papua-Neuguinea geboren wurde. Der Sohn einer Finnin und eines Deutschen landete in Mittelfranken und kam während des Zivildienstes 1986 erstmals mit einer finnischen Punkband namens Greenhouse AC in Berührung. So kamen die Dinge peu à peu in Bewegung, wie halt beim finnischen Nationalholzklötzchenspiel Mölkky.

Der erste Kioski, in Finnland übrigens eine Art Tante-Emma-Laden, öffnete 2002 in der Schwabacher Straße seine Pforten. 2007 zog er in den ausgemusterten Mini-Saal des Babylon-Kinos. Ein halbes Jahr dauerte es, bis Schaufenster eingebaut, Wände weiß-blau getüncht und alle Regale im abschüssigen Raum montiert waren. Die Schräglage passte wunderbar, während fünf braune Klappsessel zum Musikhören einluden. Doch im September 2016 war Schluss und ein erneuter Ortswechsel fällig: Es ging zurück in die Innenstadt, in die Hirschenstraße 33, wo Martti nun zwei etwas kleinere Schaufenster bestückt.

Das Sortiment im Recordstore hat sich aber kaum gewandelt: Humppa, Tango und Indie-Rock gibt es in diversen Schattierungen, gern in Vinyl. Seine eigenen Werke sind sehr präsent, ob mit Les Très Bien oder als Mäkkelä. Und zwischen Reiseführern, Wolldecken, Lakritzschnaps, Mölkky-Spielen und original finnischem Teer-Shampoo findet man bunte Blechtassen, irre Mumin-Figuren und flippige T-Shirts der polkafidelen Band Eläkeläiset. Tja, so spinnen die Finnen. Und kein Ende in Sicht.

Adresse Hirschenstraße 33, 70762 Fürth | **ÖPNV** Bus 172, Haltestelle Mathildenstraße | **Öffnungszeiten** Do, Fr 13–18 Uhr, Sa 11–16 Uhr | **Tipp** Um die Ecke befindet sich in der Ottostraße 2 das sehenswerte Stadtmuseum; Nachteulen zieht es in den Kunstkeller o27 in der Ottostraße 27 – ein Club im früheren Luftschutzkeller, wo immer wieder mal Rockkonzerte stattfinden.

78 Die Kofferfabrik
Durch eine hohle Gasse zum kreativen Chaos

Durch diese hohle Gasse muss man kommen, um in die besondere Welt der Kofferfabrik einzutauchen. »Kofferareal«, steht verschnörkselt an den Resten des sandfarbenen Hauses, umrankt von zwei Stahlskulpturen. Zartbesaitete müssen hier Schwellenängste überwinden. Wer sich reintraut, wird sogleich mit einem malerischen Innenhof belohnt, in dem zwischen roten Backsteinen, orangefarbenen Bierbänken und Grünzeug ein Pseudo-Rizzi-Flair gaudiesk blüht.

Ein guter Vorgeschmack auf das, was sich in den Ex-Fabrikräumen breitgemacht hat: ein erfrischender Chaos-Club. Wo erst Spiegel und später Koffer der Firma Bermas produziert wurden, stehen kreative Ks im Mittelpunkt. 1984 zogen erste Künstler ein, 1994 kamen Podium und Kneipe hinzu. Der Gastronom Udo Martin hat federführend seit 2007 mit seinem Team ein Biotop geschaffen, das kulturelle Vielfalt serviert und nonchalant zum Entdecken einlädt.

Bunt ist der Veranstaltungsmix in der selbst ernannten »(Sub-)Kulturmanufaktur«: Konzerte, Poetry-Slam, Lesungen, Kabarett, Ausstellungen, Rampenschweinerei, zudem wird immer wieder sonntags im Cotton Club getanzt und im CouchClub mit internationaler Note gebruncht. Fixpunkte sind das Improtheater »6 auf Kraut« von Sigi Wekerle, das hier schon packende Länderspiele gegen Russen austrug, und die Theaterwerkstatt, die auch nach Brigitte Dörings Tod im Dezember 2018 auf politisch ambitionierte Stücke setzt.

Richtige Musikgrößen waren auch schon zu Gast. Legendär ist der erste Auftritt von Al Di Meola, der zuerst ein Irrtum schien, doch dem Stargitarristen gefiel das »Koffer«-Konzept so gut, dass er einfach zwei Konzerte mit reduziertem Eintritt am Abend spielte. Ein Jahr später kam er wieder mit seinem Gitarrenkoffer durch die hohle Gasse, nach der dieser schlauchige Hof so windgeschützt und gemütlich liegt, dass man sogar im Winter draußen sitzen kann. Ein Genuss!

Adresse Lange Straße 81, 90762 Fürth-Innenstadt, www.kofferfabrik.cc | **ÖPNV** U 1 und Bus 175, Haltestelle Stadtgrenze | **Tipp** Ein paar Häuser die Lange Straße runter entsteht derzeit unter dem Namen Spiegelfabrik ein innovatives Gemeinschaftswohnprojekt quer durch die Generationen – spannende Sache!

79 Die Krautheimer Krippe
Mathe mit historischem Kontext

Klassenweise gehen die Schüler des Helene-Lange-Gymnasiums morgens die sechs Stufen hoch und vorbei an den weißen Fliesen, über denen in Kopfhöhe die Baupläne des Architekten Josef Zizler hängen. Auf die Tour und mit Tafeln wird im ganzen Haus darüber informiert, was wo in der Krautheimer Krippe gemacht wurde, die 1912 die erste Säuglings- und Kleinkinderkrippe in Fürth war. Im Zimmer, wo öfters ein K12-Kurs für Mathe und Physik läuft, befand sich der Aufnahmeraum der Einrichtung, die der jüdische Geschäftsmann Nathan Krautheimer (1854 bis 1910) ermöglicht hatte.

In seinem Testament verfügte er eine großzügige Spende zur Schaffung der Krippe, die bis Ende 1966 existierte. 54 Jahre zuvor war sie im zweigeschossigen Putzbau mit Walmdach, viersäuligem Eingangsvorbau und seitlichem Zwiebeltreppenturm entstanden. Der Standort wurde gezielt gewählt, denn schon sechs Jahre zuvor war nebenan durch die Stiftung des jüdischen Rechtsanwalts Alfred Nathan ein Wöchnerinnenheim eröffnet worden, das 1967 ins städtische Klinikum integriert wurde. Seitdem wird das Gebäude von der Ullstein-Realschule genutzt.

Die Krautheimer Krippe bot Müttern die Möglichkeit, ihre Kinder von 6 bis 19.30 Uhr unterzubringen, während sie arbeiteten. Im Erdgeschoss und im 1. Stock gab es je zwei Säuglingszimmer, im Dachgeschoss war Platz für Schwestern und Mägde. All das erfährt man im dunkelbraun gestrichenen Gebäude mit den hellen Fensterläden. 1988 wurde in der Küche ein Gedenkraum eingerichtet, wo eine gebogene Waage und leere Milchfläschchen am Rand vor einem großen Schwarz-Weiß-Foto von Gitterbetten in Fünfer- und Zweierreihe stehen.

Seit 2004 werden über das Jüdische Museum Franken, das die Krautheimer Krippe als Dependance betreut, Führungen angeboten. Seit 2012 laufen museumspädagogische Projekte für Schulklassen. Und die fühlen sich in dem historischen Gebäude ausgesprochen wohl.

Adresse Maistraße 18, 90762 Fürth-Innenstadt, Führungsbuchung unter Tel. 0911/95098816 (Mo–Do 9.30–13 Uhr) | **ÖPNV** 1, Haltestelle Jakobinenstraße | **Tipp** Im Umfeld von Mai-, Tannen- und Sigmund-Nathan-Straße sowie der Otto-Seling-Promenade sind mehrere Kindertagesstätten und Schulen samt Freiluftklassenzimmer. Die Krautheimerstraße befindet sich übrigens nicht hier, sondern am Südstadtpark – gleich hinter der Grünen Halle.

FÜRTH

80_Das Kriminalmuseum
Wo Gänsehautgefühle garantiert sind

Der Höhepunkt kommt zum Schluss. Ganz hinten rechts ist der Schreibtisch verwüstet, der Safe geknackt, die Geldkassette geplündert, und ein Mann liegt mit blutigem T-Shirt am Boden. Sieht nach einem Raubmord aus. Und die Szenerie wirkt so authentisch, dass sich im kühlen Kellergewölbe beim Anblick des Tatorts die Nackenhaare aufstellen. Gänsehautgefühle und nüchterne Aufklärung, das gibt es im Kriminalmuseum auf engstem Raum. Spektakuläre Fälle, wie der Serieneinbrecher »Leo« von 1951 oder der Mordfall »Carla« anno 1998, werden über Zeitungsberichte, Schautafeln und Fotos umfassend in Erinnerung gerufen. So wird einem beim Streifzug durch die acht Nischen bewusst, dass Fürth laut Statistik zwar seit Jahren die sicherste Großstadt in Bayern ist, doch das Böse dennoch immer und überall lauern kann – was die geballte Präsentation von Revolvern, Pistolen, Springmessern und Wurfsternen untermauert.

Das Kribbeln fängt auch gleich hinter dem Eingang an. Kaum ist man die fünf Stufen runtergegangen, folgen Fotos mit schlimmen Unfällen von 1981. Daneben wimmelt es von klein gedruckten Meldungen über tödliche Bahnüberquerungen zwischen 1867 und 1908, während irre Überschlagvideos aus den 1970er Jahren laufen, die damals zum Gurtanlegen animieren sollten.

Wilfried Dietsch, von 1996 bis 2001 Chef der Polizeiinspektion Fürth, war die treibende Kraft des 2009 eröffneten Museums. Seine Dienstuniform gehört ebenfalls zu den Exponaten wie zigtausend Daten zur Polizei- und Kriminalgeschichte. Todernst geht es zum Glück nicht überall zu. Grinsen darf man über die Polizeiflotte von 1952 mit vier VW Käfern und zwei VW-Bussen ebenso wie über die strahlend weiße Kärwa-Uniform von Verkehrspolizisten. Und was den Freispruch für Ludwig Erhard angeht: Es handelt sich tatsächlich um den späteren Bundeskanzler, der 1928 wegen Betrugs vor Gericht stand. Wer hätte das gedacht?

Adresse der Eingang ist an der Ecke Brandenburger/Ludwig-Erhard-Straße, 90762 Fürth-Innenstadt | **ÖPNV** U1, Haltestelle Rathaus | **Öffnungszeiten** So 13–18 Uhr (Okt.–März nur bis 17 Uhr), Führungen über die Tourismuszentrale, Tel. 0911/2395870 | **Tipp** Das Parkdeck des Wöhrl-Kaufhauses ein paar Ecken weiter bei der Fürther Freiheit ist ein Gänsehaut-Ort mit besonderer Aussicht, zartbesaitete Gemüter sollten ihn aber besser nicht allein aufsuchen. Wetten, dass dort eines Tages mal ein TV-Mord beim »Franken-Tatort« geschieht?

81 Das Kulturforum
Acht Säulen als Herausforderung

Der Stierkopf mit den Hörnern ist das Markenzeichen, das an den Schlachthof erinnert, der jahrzehntelang an der Würzburger Straße für blutiges Geschehen sorgte. Als Modernisierungen fällig gewesen wären, gingen in Fürth wie nebenan in Nürnberg Ende der 1980er Jahre die Lichter aus. Und statt Schweinen und Rindern sorgte plötzlich die Kultur für Leben in den ausrangierten Hallen.

Ein Provisorium war geboren, das nach einer Dauerlösung schrie, die nach viel Hin und Her 2004 tatsächlich kam. Das Kulturforum, kurz auch »Kufo« genannt, war geboren. Und der Trick, um die alten Schlachthof-Gebäude zu verbinden, war ein gläserner Foyer-Trakt, der neu gebaut wurde. Durch dieses Entree ist genug Platz für das lang gezogene Restaurant geblieben, in dem man vor und nach, aber auch unabhängig von einer Vorstellung vorbeikommen kann. Seine Heimat behalten durfte mit dem Uferpalast das hauseigene Programmkino.

Weit mehr als der etwas schlauchige Kleine Saal im Obergeschoss ist die ehemalige Rinderschlachthalle die multifunktionale Attraktion des Hauses. Es ist immer wieder verblüffend, wie variabel der Raum mit den acht massiven gusseisernen Säulen genutzt wird. Bei Theaterstücken sind diese regelmäßig ins Bühnenbild integriert. Stammgäste kommen dennoch bei Veranstaltungen mit freier Platzwahl vorsichtshalber etwas früher, denn manchmal können die Säulen schon stören und den Blick auf das Geschehen verstellen.

Trotz dieses kleinen Mankos genießt das Kulturforum einen exzellenten Ruf. Ob beim Klezmer- oder Figurentheater-Festival, ob bei Jazzkonzerten, Literaturfesten oder den alternativen »Dullnraamer«-Prunksitzungen an Fasching: Im Zeichen des Stiers regiert die Vielfalt. Zwischen den acht Säulen kocht schnell die Begeisterung hoch. Hinterher kann man sich dann auf der Terrasse bei einem Getränk mit Rednitzblick abkühlen. Unschlagbar idyllisch.

Adresse Würzburger Straße 2, 90762 Fürth; einen kleinen Parkplatz gibt es nebenan, Fahrradstellplätze direkt vor der Tür | **ÖPNV** U1, Haltestelle Stadthalle | **Tipp** Weil die Stadt hartnäckig war, ist die Saturn-Filiale nebenan durchaus ansehnlich geworden. Und die Fassade zum Hof des Kulturforums wird inzwischen für Open-Air-Kino genutzt.

82 Das Landesamt für Statistik
Kunst im Reich von Datenwolken und Wissbegierde

Als bei Quelle 2009 die Lichter ausgingen, beschloss die bayerische Landesregierung, die Zentrale des Landesamts für Statistik nach Fürth zu verlegen. Als Strukturmaßnahme. Das kam gut an. Und ein Domizil hatte man mit der Ex-Quelle-Hauptverwaltung in der Nürnberger Straße auch schnell gefunden. Doch es ist halt ein Kreuz mit Behördenverlagerungen: Umbau und Umsetzung zogen sich wie Kaugummi, was auch an Widerständen der Beschäftigten in München lag, wo die Umzugsbereitschaft gering war.

Ende Oktober 2016 eröffnete Innenminister Joachim Herrmann die Fürther Statistik-Zentrale, die nun Außenstellen in München und Schweinfurt hat. Doch nicht mal die Hälfte der 540 Mitarbeiter war im Amt, dafür die Baustellen noch sehr präsent. Sehenswert ist das Landesamt trotzdem im Mai 2017 geworden: wegen der »Datenwolke« – ein Kunstwerk, das tagsüber wie nachts bewundert werden kann, weil diese Plastik aus feinen Lichtlinien besteht, die hinter der gläsernen Eingangstür unterhalb der Treppe installiert sind.

Das Besondere am Werk der Berliner Künstler Heike Wiermann und Holger Mader sind die Farben, die sich permanent in Zeitlupe verändern. Und via Bewegungsmelder reagieren die Leuchtdioden auch auf Menschen. Eine bizarre Sache. Es lohnt sich also, mal zu klingeln und reinzugehen, obwohl in der Behörde mit den sensiblen Daten an der Pförtnertheke erst mal Schluss ist.

Doch das wird sich mit der Vollendung des 40-Millionen-Euro-Projekts im September 2019 ändern. Dann kommt mit einem öffentlichen Hof eine zweite kommunikative Skulptur. Sie heißt »Kala Het Diwai« und stammt vom Künstlerduo Böhler & Orendt. Dahinter verbirgt sich ein 5,50 Meter hoher, farbenfroher »Baum der Wissbegier«, der mit Hilfe von Algorithmen Fragen beantworten wird, die statistisch nicht zu klären sind. Klingt ziemlich spannend.

Adresse Nürnberger Straße 95, 90762 Fürth-Innenstadt | **ÖPNV** U 1, Haltestelle Jakobinenstraße | **Öffnungszeiten** Mo–Do 8–16 Uhr, Fr 8–14 Uhr | **Tipp** Ein paar Hausnummern entfernt wurde 2008 im früheren Quelle-Gebäude in der Nürnberger Straße 129 die Seniorenresidenz Haus Maximilian eingerichtet. Oben gibt es ein Restaurant und ein Café mit toller Aussicht, wo auch Externe essen können (Tel. 0911/239820); das schmucke frühere Arbeitszimmer von Grete Schickedanz wird als »Raum der Stille« unter anderem für Familienfeiern genutzt.

FÜRTH

83 — Die Lindenallee
Grüne Botschaft statt Kommandoton

Es hat etwas gedauert, bis die 350 Linden gewachsen sind. In Dreierreihen wurden sie 2003 am Rand der früheren William-O.-Darby-Kaserne zwischen Flößau- und Fronmüllerstraße gepflanzt. Ein symbolträchtiger Akt, denn lange hatten hier im Gleichschritt marschierende Soldaten den Takt vorgegeben. Nun stehen Bäume im einstigen Kasernenhof in Reih und Glied – Grün und Ruhe statt Grau und Kommandoton. So sorgt die Allee aus Linden, die von der Baumschule Ley aus Meckenheim am Rhein stammen, im 2004 eröffneten Südstadtpark für ein friedliches Ausrufezeichen, das jedes Jahr höher und breiter wächst.

1890 hatte hier die Fürther Ära als Garnisonsstadt begonnen. Artillerie-, Infanterie- und Trainkaserne wurden mit Gleisanschluss errichtet. Nach dem bayerischen König, dem deutschen Kaiser und dem NS-Regime übernahmen 1945 die US-Streitkräfte das Areal, das sie im Dezember 1995 räumten. Heute erinnert nur noch eine Tafel am Marmarisplatz daran.

1996 folgte ein städtebaulicher Wettbewerb über die Frage, was mit den 42 Hektar passieren soll. Er führte zu einem Konzept, das zehn Jahre später Preise einheimste und noch immer Stadtplaner aus der ganzen Welt anzieht. Entstanden ist ein neues Wohnviertel mit Stadthäusern und prächtig sanierten Ex-Pferdeställen, das die ganze Südstadt aufgewertet hat.

Das Herzstück ist der neun Hektar große und 5,3 Millionen Euro teure Park, der viel Rasen, eine 1,3 Kilometer lange Laufrunde und mehrere Spielplätze bietet. Da joggen, boulen, skaten, sitzen und kicken Alt und Jung gemeinsam, während Kinder auf Hölzern herumklettern und balancieren. Grünplaner Gerd Aufmkolk hat das Freiflächenkonzept des Südstadtparks entworfen, wo nur die »Bunten Hügel« sich als Flop erwiesen und ersetzt werden mussten. Ansonsten darf man gespannt sein, wann die drei Linden-Reihen ihre Zweige verbinden und im Sommer als Regenschutz dienen.

Adresse Südstadtpark, 90763 Fürth-Südstadt | **ÖPNV** Bus 173, Haltestelle Südstadtpark | **Tipp** Der Ovalverkehr an der Ecke Fronmüller-, Magazin- und Liesl-Kießling-Straße war 2008 ein Fürther Novum. Er wurde mit Zypressen, Lavendel und Palmen mediterran bepflanzt, doch die Palmen erfroren gleich im ersten kalten Winter – das vorläufige Ende des Mittelmeerflairs am Südstadtpark.

84 Das Logenhaus
Im Namen von Wahrheit, Schönheit und Freundschaft

Das Gebäude fesselt einen auf den ersten Blick. Wie es monumental dasteht und doch so feinsinnig aussieht. Ein klassischer Kubus, der einen mit Rundbögen, Säulen und Kapitellen begrüßt, die mit ihren vielen Verzierungen etwas Barockes haben. Trotzdem wirkt der 22 Meter lange und 34 Meter tiefe Palast mit seinen drei Etagen weder protzig noch kitschig, sondern bis ins Detail wohlkomponiert.

Der Nürnberger Architekt Leonhard Bürger hat das 1890/91 errichtete Sandsteingebäude an der Dambacher Straße entworfen. Wie vier Jahre zuvor in der Nachbarstadt übersetzte er mit den Stilmitteln der Neorenaissance die Ideen des Freimaurertums in ein stimmiges Gebilde aus Stein. Und das so überzeugend, dass für viele das Logenhaus das schönste Gebäude von Fürth ist. Die Loge »Zur Wahrheit und Freundschaft« konnte es sich leisten, weil ihr damals viele wichtige und betuchte Persönlichkeiten angehörten.

Das hat sich geändert. Obwohl sich Freimaurer überkonfessionell nur den Idealen des Humanismus verpflichtet sehen, besteht das Vorurteil, dass sich dahinter eine Art Geheimbund verbergen würde. Was damit zu tun haben kann, dass zwei der sieben Logen, die sich hier treffen, eine Nähe zum leicht mysteriösen Druiden-Kult haben und zudem die Geschlechter im Tempel unter sich bleiben.

Grundsätzlich ist das Logenhaus aber ein weltoffener Ort, wo Vorträge und Führungen stattfinden und regelmäßig ein Preis für bürgerschaftliches Engagement vergeben wird. Zudem wird der schmucke Festsaal, der 2003 mit dem ganzen Haus zum 200-jährigen Bestehen der ersten Fürther Loge aufpoliert wurde, gern für Hochzeiten gemietet. Im Zeichen von Auge, Zirkel und Winkelmaß ergibt das im Verbund mit dem schönen Garten und den zwei Frauengestalten am Giebel, die Wahrheit und Freundschaft symbolisieren, einen Ort der Harmonie. Die Botschaft für alle lautet: »Erkenne dich selbst.«

Adresse Dambacher Straße 11, 90763 Fürth-Südstadt | **ÖPNV** Bus 173, 174, 177, Haltestelle Amalienstraße | **Tipp** Gleich unterhalb des Logenhauses geht es runter ins Rednitztal. Von dort führen schöne Wanderwege in alle Richtungen – und über den Kleeblattweg kommt man hoch in den Stadtwald.

85 Das Ludwig-Erhard-Zentrum

Ein Hoch auf den Vater des Wirtschaftswunders

LEZ do it. Das war die Botschaft im Februar 2002, als sich der »Ludwig-Erhard-Initiativkreis Fürth« formierte, um »die Ideen und Lösungsansätze Erhards auf heutige Probleme zu übertragen«. Ein Vorstoß, der unter Vorsitz der Journalistin Evi Kurz Kreise zog. 2013 wurde eine Stiftung als Träger des Ludwig-Erhard-Zentrums gegründet. Zehn Millionen Euro sollte es kosten, am Ende waren es 18. Das sorgte für Diskussionen, weil die Stadt trotz Spenden und Zuschüssen von Bund und Land zehn Prozent übernehmen musste.

Bei der Eröffnung im Juni 2018 dominierten dennoch Lobeshymnen für das Hoch auf den Vater des Wirtschaftswunders, der am 4. Februar 1897 in Fürth geboren wurde. Im zweiten Stock des aufpolierten Geburtshauses startet der Rundgang: Kindheit, Ausbildung, die Jahre im Betrieb der Eltern. Dazu liefern Filme mit Volker Heißmann Zeitgeist und Lokalkolorit. Spannender wirkt der Blick auf die NS-Zeit, als Erhard 1933 einen Lehrauftrag an der Nürnberger Handelshochschule erhielt und 1942 sein eigenes Institut für Industrieforschung gründete. Mit dem Jahr 1945 geht es vis-à-vis in den Neubau, den Kritiker weiter für zu groß und klotzig halten. Versöhnlich stehen zwei Mini-Erhard-Figuren am Eingang. Das Wirtschaftswunder ist in Wort, Bild und Ton ebenso sehr präsent wie die Zigarre, das Markenzeichen des Bundeswirtschaftsministers von 1949 bis 1963. Eher knapp wird die Kanzlerschaft von 1963 bis 1966 gestreift, ausführlicher ist die Abrechnung mit der DDR-Planwirtschaft.

Überzeugend endet der Rundgang im Obergeschoss, wo über Riesenbildschirme die Zukunftsfähigkeit der sozialen Marktwirtschaft diskutiert wird. Zwei Stunden sollte man für den Besuch mindestens einplanen. Und eine Pause im Café Luise unten im Geburtshaus ist Pflicht – schon wegen der schicken 50er-Jahre-Möbel. LEZ go!

Adresse Ludwig-Erhard-Straße 6, 90762 Fürth-Innenstadt | **ÖPNV** U 1, Haltestelle Rathaus | **Öffnungszeiten** Di – So 10 – 18 Uhr (Do bis 20 Uhr), Anmeldung von Gruppenführungen unter Tel. 0911/6218080 | **Tipp** Gleich nebenan befindet sich der Ganesha-Shop in der Ludwig-Erhard-Straße 14, wo man seit dem Jahr 2000 nicht nur dem fernöstlichen Elefantengott für Glück, Wohlstand und das Beseitigen von Hindernissen begegnet, sondern auch sinnlichen Genüssen aus Indien in vielerlei Gestalt.

86 Die Malzböden
Wachgeküsste Humbser-Brauerei in der Südstadt

Malzböden hieß früher Moststraße. Doch mit dem Umzug von der Innen- in die Südstadt wurde die Glosse im Lokalteil der Fürther Nachrichten im Februar 2017 umgetauft. Die Länge von 44 Zeilen ist geblieben, ebenso der süffisant-schräge Ansatz, Geschehnisse in der Welt mit grün-weißem Seitenblick aufzuspießen. Matthias Boll, der das FN-Aushängeschild in der Regel verfasst, sitzt im ersten Stock eines Gebäudes, in dem jahrzehntelang Malz in Boxen gelagert und per Rohrleitung ins Sudhaus geblasen wurde. Zu riechen ist davon nichts mehr, was für den umfassenden Umbau des ab 1887 errichteten Humbser-Komplexes spricht.

Der 90 Meter lange und 19 Meter hohe Klinkerbau an der Schwabacher Straße stand nach dem Tucher-Auszug anno 2008 sechs Jahre leer, bis ihn die Immobilienfirma MIP samt Nebengebäuden erwarb. Altes mit Blick auf den Denkmalschutz erhalten und subtil veredeln – so hieß die Marschroute, die überzeugend umgesetzt wurde. Folge: Die 7.500 Quadratmeter Nutzfläche sind komplett vermietet. Neben den Fürther Nachrichten residieren Pianohaus Kreisel, Southside Cycles, Apotheke und Biomarkt dort, zudem zogen Designer, Künstler, IT-Experten, Personalberater, Yoga-Studio und Kaffeerösterei in die repräsentativen Räume mit Holzbalken, gusseisernen Säulen und dicken Backsteinwänden. Nach dem feinen Café Portier im früheren Pförtnerhaus wurde zuletzt im Oktober 2018 das Jugendstil-Sudhaus mit der Gaststätte »Humbser und Freunde« wachgeküsst, inklusive doppeltem Leuchtkranz am Turm.

Die Malzböden stehen für Tradition und Weltoffenheit. 31 Neubauwohnungen und moderne Sichtbetonelemente wurden ebenso gefühlvoll integriert wie Fotos von Christian Höhn, die in Treppenhäusern den Umbauprozess und andere revitalisierte Brauereien zeigen. Sie bieten schöne Entdeckungen. Und man darf gespannt sein, was mit den Tiefkellern passieren wird. Was Museales vielleicht?

Adresse Schwabacher Straße 107, 90762 Fürth-Südstadt | **ÖPNV** Bus 177, Haltestelle Amalienstraße oder Bus 174, Haltestelle Holzstraße | **Tipp** Zwei Querstraßen südlich in die Kaiserstraße einbiegen und entlang der schönen Platanenbaumreihe ostwärts flanieren – bis Hausnummer 89, wo die beliebte Gaststätte Herr und Kaiser residiert.

87 Der Mariensteig
Steile Stufen mit Sogwirkung

Aus der Ferne glaubt man seinen Augen kaum, so irre ist der Durchblick. Gefesselt von der Aussicht auf die spätklassizistischen Fassaden, zieht es einen förmlich nach oben. Es sind 46 steile Stufen von der Pfister- zur Marienstraße, wo bei Hausnummer 40 ein dreigeschossiges Sandsteingebäude mit Rundbogentor steht, entworfen vom renommierten Architekten Johann Christoph Kißkalt, von dem auch die vier roten »Arbeiterhäuser« ein paar Meter weiter zwischen Erlen- und Denglerstraße stammen.

Der Mariensteig hat eine klare Funktion: Für die Häuserzeilen, die im späten 19. Jahrhundert am Rand der Innenstadt hochgezogen wurden, brauchte es eine schnelle Verbindung in beide Richtungen. Insbesondere zur Rednitz und zur früheren Badeanstalt. Also ging es schnurstracks runter zur Badstraße. Eine aus heutiger Sicht null Komma null behindertengerechte Verbindung, die bei Frost gefährlich glatt sein kann. Trotzdem übt die steinerne Treppe eine gewaltige Sogwirkung aus, die man täglich beobachten kann. Da treffen sich Kinder, um unter dem Bogen Fußballerbilder zu tauschen und ins Album einzukleben. Zudem ist ein stetiges Männlein- und Weibleinlaufen zu beobachten, manchmal trainieren ambitionierte Sportler, indem sie die Stufen hoch- und runterrennen.

Rings um den Mariensteig gibt es noch so manche Besonderheit – wie den Mariensteigstollen, ein Gewölbe, das unter dem Viertel verläuft. Oder die denkmalgeschützten Gründerzeithäuser entlang der Marienstraße, die ideal für historische Aufnahmen sind. Mitte August 2013 drehte Hans Steinbichler einen Film über Kurt Landauer mit Josef Bierbichler in der Titelrolle. Eine Querstraße neben dem Mariensteig verläuft die Mathildenstraße, die im Film »Dreiviertelmond« von 2010 mit Elmar Wepper auftaucht. Geschichtsträchtig ist zudem die Mathildenstraße 23: das Geburtshaus von Ex-US-Außenminister und Fürths Ehrenbürger Henry Kissinger.

Adresse bei der Marienstraße 40, 90762 Fürth-Innenstadt | **ÖPNV** Bus 172, Haltestelle Theaterstraße | **Tipp** Über die Pfister- und Blumenstraße kommt man zum alten jüdischen Friedhof. Er kann bei Führungen besichtigt werden.

FÜRTH

88 Die Mevlana-Moschee
Mini-Minarette als Kompromiss

Die Vergangenheit klebt noch an den Türen. »Push« und »Pull«, steht dort geschrieben, was mit der Zeit als Offiziersgebäude zu tun hat. Im Dezember 1995 räumte das US-Militär auch dieses Südstadt-Gebäude, das jahrelang leer stand, bis es das Türkisch-Islamische Kulturzentrum Fürth im Oktober 2000 erwarb. Damit endete die Suche des 1994 gegründeten Vereins, der zur gemäßigten Glaubensorganisation »Ditib« gehört.

Entsprechend der liberalen Ausrichtung können auch Nichtmuslime gern die Mevlana-Moschee im Obergeschoss besuchen, außerhalb der fünf Gebetszeiten am Tag, versteht sich. Im Februar 2006 fand die offizielle Einweihung statt. 1,2 Millionen Euro Spenden und unzählige Arbeitsstunden hatten die Mitglieder investiert, bis der Gebetsraum fertig war. Inklusive zigtausend blumigen Fliesen an den Wänden, drei Kronleuchtern an der Decke und dem rot-blau-beigefarbenen Teppich, auf dem sich bis zu 400 Muslime in sieben Reihen zum Beten versammeln können.

Große Fotos von der Kaaba in Mekka und der Moschee in Medina erinnern daran, dass islamische Sakralbauten eigentlich Minarette haben, wodurch sie von Weitem sichtbar sind und der Muezzin zu hören ist. Der Wunsch nach einem solchen Turm ging nicht in Erfüllung, doch der Verein konnte zumindest am Eingang des Kulturzentrums einen kleinen Kompromiss erzielen. Zusammen mit einer dunkelblauen Kuppel bilden zwei schlanke olivgrün-zartgelb gestreifte Pfeiler mit markanter Spitze und goldenem Halbmond einen dekorativen Wetterschutz zum Mehrzweckraum, der für Vorträge ebenso genutzt wird wie für Tanzstunden und Feste.

Vorne an der Flößaustraße sind die Türmchen nicht zu sehen, erst wenn man um die Ecke und vorbei am zentrumseigenen Döner-Imbiss in die Steubenstraße einbiegt, erblickt man die vermutlich kleinsten Minarette der Welt. Im Teehaus gegenüber wird täglich ab 10 Uhr heißer Chai serviert.

Adresse Steubenstraße 13, 90763 Fürth-Südstadt, Kontakt unter Tel. 0911/3941531 | **ÖPNV** Bus 173, Haltestelle Flößaustraße | **Tipp** Bei einem Streifzug durch das ehemalige Kasernen-Areal sieht man neben den ziegelroten Pferdestallungen, in denen Lofts entstanden sind, auch den lang gezogenen grauen Gebäuderiegel, wo früher die Soldaten wohnten – mit dessen Umbau begann die Erfolgsgeschichte der Baufirma P&P.

89 Der Monster-Keller
Ungeheuer spaßig im Untergrund

Es geht 19 Stufen abwärts. Dann steht man im weiß gemauerten Gewölbe, das sich rasch verzweigt und rötlich wird. Obwohl es elektrisches Licht gibt, sollte man eine Taschenlampe dabeihaben. Hier unten ist es nicht nur feucht und zwölf Grad kühl, sondern weiter hinten stockdunkel. Es kann einen zehn bis zwölf Meter unter der Erde also gruseln.

Ein ideales Ambiente für die pfiffig-spaßigen Monster des Fürther Künstlers Patrick Preller, die 2004 für die Wiederbelebung des legendären Grüner-Kellers unterhalb des Klinikums sorgten. Die erste Schau mit den grinsenden Metallfiguren war ungeheuer erfolgreich. Da es viele Unterstützer gab, gründeten Preller und seine Kompagnons Kamran Salimi und Richard Linz im Sommer 2005 den Verein Untergrund. Mit dem Ziel, das ab 1865 von der Grüner-Brauerei gebuddelte »Loch, das jeder kannte, der hier wohnte«, unter die Lupe zu nehmen und wieder begeh- und erlebbar zu machen.

Heute noch findet man Spuren des Ausbaus zum Bunker für über 1.000 Menschen im Zweiten Weltkrieg, aber auch von den Anfängen für ein atombombensicheres Krankenhaus im Untergrund im Jahr 1981, was aber über Spritzbetonverkleidungen nicht hinauskam. Rund 1.800 Quadratmeter Fläche hat der Keller, der filigrane Kreuzrippenkonstruktionen aufweist und gut in Schuss ist, wie das Bergbauamt bestätigt hat. Auf Baumwurzeln und rostige Reste einer Starkstromleitung trifft man hier unten aber ebenso wie auf ein paar kleine und große Preller-Monster, inklusive einem 250 Kilogramm schweren Prachtstück.

Abgesehen von bildender Kunst locken Krimilesungen, Filme, Experimentelles und Führungen ins Gewölbe, wo sich an den Wänden auch Fans von Deep Purple und den Commodores verewigt haben. Historisches geschah am 29. September 2011, als das erste Fass des neu aufgelegten Grüner-Biers präsentiert wurde. Dies führte zum Schriftzug »Grüner-Bräu Keller« über der Eingangstür.

Adresse Robert-Koch-Straße, 90766 Fürth-Eigenes Heim, www.untergrund-fuerth.de | **ÖPNV** Bus 171, 175, Haltestelle Robert-Koch-Straße | **Tipp** Auf dem Gelände des Klinikums, in der Robert-Koch-Straße 41, befindet sich das Dialysemuseum Fürth, wo die Entwicklung der Nierenersatztherapie von der Antike bis in die Neuzeit dokumentiert wird.

FÜRTH

90 Die Musikschule
Eine swingende Insel im Grünen

Musik liegt in der Luft. Das merkt man sofort, wenn man sich den zwei roten Backsteinhäusern mit dem blauen Mittelbau nähert. Da kommen einem die Akkorde des Rock-Klassikers »Lady in Black« entgegen, da perlen Tonleitern aus einem Piano, während unten ein geradliniger Bumm-Tscha-Schlagzeug-Takt pulsiert. Zusammen ergibt das einen Soundbrei, der niemanden stört, weil die Musikschule seit 2006 im Südstadtpark liegt – eine klingende Insel im Grünen.

Zuvor war die Einrichtung, die von einem Verein getragen wird, 20 Jahre lang in einem Ex-Fabrikgebäude in der Kaiserstraße untergebracht, wo das Schild der städtischen Sing- und Musikschule noch lange im Fenster hing. Plakate und Konzertfotos erinnern im neuen Domizil zwar noch an vergangene Zeiten, im Mittelpunkt steht aber eindeutig die Gegenwart. Von afrikanischen Trommeln über Geige, Oboe und Sitar bis zum Xylofon reicht die Instrumentenpalette, die rund 1.700 kleine und große Schüler bei 60 Pädagogen lernen.

Das sorgt für viel Betrieb bis zum Abend, wenn die Combos und Orchester proben. Dabei gibt es mehrere Bands, in denen Menschen mit und ohne Handicap zusammen musizieren. Der Fürther Musikschulleiter Robert Wagner gilt bundesweit als Vorreiter, er hat das »Fürther Inklusive Soundfestival« ins Leben gerufen, das unter dem Kürzel FIS seit 2007 alle zwei Jahre stattfindet.

Ein weiterer Fixpunkt ist der alljährliche Jazz-Workshop Anfang Januar, bei dem Jung und Alt vier Tage in die Welt von Swing und Bebop eintauchen und zum Finale im Konzertsaal auftreten, der als blauer Kubus an den umgebauten Kasernenbau angehängt wurde. Livemusik spielt das ganze Jahr eine wichtige Rolle, ob bei Vorspielnachmittagen oder am Tag der offenen Tür. Das Highlight ist das große Klassik-Open-Air mit den »Jungen Fürther Streichhölzern«, das im Sommer mitten im Südstadtpark stattfindet. Immer wieder ein Genuss.

Adresse Südstadtpark 1, 90763 Fürth-Südstadt | **ÖPNV** Bus 179, Haltestelle Südstadtpark | **Tipp** Nebenan steht an den Rändern des Südstadtparks auch viel bildende Kunst, darunter sind der »Visionär« in Form eines großen Kopfes von Rudolf Henninger am Xylokastroplatz, das lachende Metall-Monster von Patrick Preller an der Fronmüllerstraße und im Westen in der Nähe des Marmarisplatzes der Beton-Gorilla von Christian Rösner und die vier »Jimmys« der schwedischen Künstlergruppe GORA art&landscape aus Malmö, die abends wunderbar orange leuchten.

91 Der Pappelsteig
Die hölzerne Vier-Jahreszeiten-Attraktion

40 – 28 – 37: Das sind die Maße des Pappelsteigs, der sich von der Kurzstraße durch die Wiesen rüber zum Espan erstreckt. Dahinter verbirgt sich eine dreireihige Allee aus Silberpappeln, die um 1950 gepflanzt wurden. Die eine hat 40, die mittlere 28 und die dritte 37 Bäume. Und in der Mitte verläuft nicht nur ein Fuß- und Radweg, sondern auch ein hölzerner Steg, der auch außerhalb von Hochwasserzeiten geöffnet ist. Und das hat wohl damit zu tun, dass die Durchquerung des Pappelsteigs zu allen Jahreszeiten eine Attraktion ist.

Im frühen Winter bilden die grauen Stämme ein silbernes Band, wodurch es im Pegnitzgrund herrlich schillert. Das erste Grün an den Blättern sorgt derweil im Frühjahr für einen zarten, ganz speziellen und fast schon in Richtung Jade driftenden Farbton – so bezaubernd kann stadtnahe Natur sein! Wer in den Sommer- und frühen Herbstmonaten an windigen Tagen vorbeijoggt oder -spaziert, kann ein packendes Blätterrauschen erleben, während sich im Spätherbst fast täglich eine Stippvisite lohnt, weil die Allee einen teils rasanten Färbeprozess durchmacht, bis sie plötzlich kahl und starr dasteht.

Richtig surreal kann es im Umkreis des Pappelsteigs regelmäßig für ein paar Tage werden, wenn sich im Frühjahr massenhaft die Blüten und Pollen nebenan auf den Wiesen ballen und die beliebten Spielfelder der Freizeitfußballer in ein neuschneeartiges Matschweiß tauchen. Vom Holzsteg winken witzige Perspektiven auf die Kicker, die sich verwundert bis belustigt durch die ungewöhnliche Rasenbedeckung kämpfen.

Bei realem Schneefall und Eiseskälte werden die über hundert Pappeln dagegen zu einer weißen Wand, mit der Aura von Gespenstern. Fürchten muss man um das Naturschauspiel übrigens nicht: 80 bis 100 Jahre werden Silberpappeln alt. Und das Grünflächenamt pflanzt seit Jahren gezielt nach, damit es keine Lücken gibt, falls doch mal ein Baum umfällt.

Adresse Zugang am schnellsten über An den Gärten, 90765 Fürth-Espan, oder über die Otto-Seeling-Promenade, 90762 Fürth-Innenstadt | ÖPNV U 1, Haltestelle Jakobinenstraße, oder Bus 175, Haltestelle Schilfweg | Tipp Ein paar Meter ostwärts geht es hoch zur Kleinen Mainau – eine romantische, leicht versteckt gelegene Grünanlage, wo nebenan eine rötliche Heilquelle sprudelt.

92 Die Paulskirche
Bleistift mit Ausguck für Wanderfalken

Die graugrüne Spitze erinnert an einen Bleistift, der sich senkrecht in den Himmel bohrt. Und das 70 Meter hoch, womit die Kirche St. Paul nicht nur der große Fixpunkt in der Südstadt ist, sondern auch das höchste Gotteshaus in Fürth. Was kein Zufall ist, denn als 1882 der Kirchenbauverein gegründet wurde, um im kräftig wachsenden Gebiet südlich der Bahngleise einen Neubau zu errichten, sollte dieser auch das Selbstbewusstsein der Südstädter ausdrücken.

Von 1898 bis 1900 entstand die Paulskirche nach Plänen des Münchner Architekten Karl Lemmes im neugotischen Stil. Finanziert wurde sie von vielen Stiftern, allen voran vom Kommerzienrat Ludwig Winkler. Für die Mauern verwendete man Quader aus dem Steinbruch Katzenstein im Stadtwald, neben dem Kirchturm sticht der an die Amalienstraße gesetzte Haupteingang ins Auge, vor dem lange Reste der Kutschenzufahrt vorhanden waren.

Nach 1945 mussten Kriegsschäden beseitigt werden. Und es war der Unternehmer Gustav Schickedanz, der die schmucken Chorfenster 1957 zur Konfirmationsfeier seiner Tochter Madeleine spendierte. Jahrelang sorgten Familienfeste und besonders die Trauerfeier für den Quelle-Chef sogar für einen gewissen Pomp, als stünde St. Paul in London. Wegen der ausgezeichneten Akustik und der größten Orgel im Dekanatsgebiet gibt es regelmäßig Konzerte im Kirchenschiff.

Seit Sommer 2013 kann man dank des Engagements von Pfarrer Martin Adel wieder den Turm besteigen. Es sind 161 gegen Ende ziemlich steile Stufen zu bewältigen, doch der Weg lohnt sich: Von den vier Ecktürmchen hat man eine tolle Aussicht. Und während obendrüber die Jungen der Wanderfalken, die seit 2002 in der Turmspitze nisten, lautstark fiepen, sind alle Kirchtürme Fürths zu identifizieren – bis auf St. Michael in der Altstadt. Eine Attraktion ist jetzt auch die Fläche um die Kirche, die aufwendig umgestaltet wurde: zu einem Treffpunkt.

Adresse Dr.-Martin-Luther-Platz 2, 90763 Fürth-Südstadt, www.sankt-paul.de | **ÖPNV** Bus 177, 179, Haltestelle Paulskirche | **Tipp** Direkt nebenan ist der gelungene moderne Gemeindehausneubau, und etwa 500 Meter weiter steht auf früherem St.-Paul-Gemeindegebiet mit Maria Magdalena der jüngste, 2008 geweihte Kirchenneubau von Fürth – klein, aber fein ins neue Sofienheim an der Liesl-Kießling-Straße 65 integriert.

93 Die Pegnitzinsel
Sandstrand mit Dschungel-Feeling

Es gab immer wieder Phasen, in denen Flüsse auf Teufel komm raus gezähmt, verbaut und begradigt wurden, wie es im Pegnitztal in den 1930er und 1950er Jahren geschehen ist. Man meinte, je schneller und direkter das Wasser von A nach B kommt, desto unwahrscheinlicher wird eine Überschwemmung.

Ein Trugschluss, wie sich herausstellen sollte. Zugleich ein mehr oder weniger großes Verbrechen an der Natur, weil gewachsene Flusstäler kaputt gemacht wurden und an verödete Kanäle erinnerten – ein Trauerspiel!

Als diese Erkenntnis durchsickerte, fingen in den Behörden die Uhren an, anders zu ticken. Hinter den Ufern reiften die Pläne für Renaturierungsprojekte. »Zurück ins alte Flussbett« hieß die Parole. Und ohne sich weiter um die Nürnberg-Fürther Stadtgrenze zu kümmern, entwickelte das staatliche Wasserwirtschaftsamt verschiedene Projekte, die abschnittsweise realisiert wurden.

Ein richtiges Schmuckstück ist vor gut zehn Jahren zwischen der Uferstadt und dem neuen Röllingersteg entstanden, der 1,6 Millionen Euro kostete. Zwei weit ausufernde Schlingen wurden auf 800 Metern Länge angelegt. Dazwischen war genug Platz für eine Insel, auf der die Natur endlich mal munter vor sich hin wachsen durfte. Ein richtiger kleiner Urwald ist im Laufe der Zeit entstanden, der Robinson-Crusoe-Gefühle weckt.

Kein Wunder, dass gegrillt wird und Lagerfeuer geschürt werden. Und an heißen Sommertagen hüpfen Klein und Groß auf zwei wie vier Beinen auch mal in den Fluss, selbst wenn das Baden bisher offiziell nicht erlaubt werden konnte, weil die Wasserqualität wegen des nahen Nürnberger Klärwerks immer wieder mal weniger gut ist. Die meisten Inseldschungelgäste beschränken sich aber eh darauf, die Füße ins Wasser zu hängen. Am Ufer hat die Pegnitz ein paar nette kleine Sandstrandflecken gebildet, die gar nicht zur Planung gehörten. Ein schöner Zug der Natur.

Adresse zu erreichen über die Jakobinenstraße und den Röllingersteg oder die Uferstadt und den Quellensteg, 90762 Fürth-Innenstadt | **ÖPNV** U1, Jakobinenstraße | **Tipp** Gleich nebenan bietet der hölzerne »Frogsteg« eine schöne Gelegenheit, um naturnah am Ufer entlangzuspazieren.

94 Die Pfarrgasse
Märchenhafter Strich am Rand der Altstadt

Sie ist so winzig, dass sie in einigen Stadtplänen nur ein Strich ist. Und man kann auch leicht dran vorbeilaufen, so unerwartet zweigt die Pfarrgasse linker Hand von der Oberen Fischerstraße ab. Ein Sperrpfosten und das blaue Fußgängerschild machen außerdem deutlich, dass dieser Kopfsteinpflasterweg nicht für alle ist. Jedenfalls nicht für Autos. Die würden am Ende vor einem scharfen Knick und einer steilen Treppe nach unten stehen – wehe dem, der hier rückwärts wieder rausfahren muss!

An der Ecke empfangen einen in der Pfarrgasse rosa Hortensien, ein Sandsteinmauerrest und eine weiße Fee auf einem lila angemalten Stromkasten. Und scheinbar aus dem Nichts kommen ein Bäumchen und ein turmartiges Hexenhaus, an dem drei Hirschgeweihe hängen. Es liegt etwas Märchenhaftes in der Luft, wozu die Geschichte vom Schwedenkönig Gustav Adolf passt, der 1632 mehrfach hier durchspaziert sein soll, als er vom Gasthaus Grüner Baum zum Pfarrhof ging, wo er genächtigt hat. Mittelalterliche Fachwerkhäuser gibt es hier heute nicht mehr, am Ende des Dreißigjährigen Kriegs waren so gut wie alle Gebäude rund um die Michaeliskirche zerstört.

Aus der ersten Hälfte des 18. Jahrhunderts stammt das denkmalgeschützte Eckhaus, das unten mit Sandsteinen gemauert ist und auf dessen zwei extraschmale Obergeschosse noch ein spitzes Giebelzwerchhaus draufgesattelt ist. Die graue Schieferfassade ist fein komponiert – ähnliches Handwerk findet man im Umkreis der Gustavstraße häufiger.

Wer die Pfarrgasse langsam durchgeht, spürt den Sinn für das Malerische, der an allen Ecken blüht: Über umrankten Mülltonnen sind Tierfiguren in ein Hochbeet integriert, aus dem dichten Sammelsurium an Pflanzkübeln grüßen Skulpturen und Windrädchen, flankiert von Gartentischen mit Klappstühlen. Hier sitzt man abends noch draußen – und hinten thront neben der uralten Laterne ein Rabe. Regungslos wie ein Wächter.

Adresse Pfarrgasse, 90762 Fürth-Altstadt | **ÖPNV** U 1, Haltestelle Rathaus | **Tipp** Über die Pfarrgasse kommt man zur Michaeliskirche, deren Grundmauern bis ins 11. Jahrhundert zurückreichen. Außenrum sitzen beim Grafflmarkt jede Menge Kinder, die auf Decken ihre ausrangierten »Schätze« anbieten.

95 Die Pyramide
Übernachten im Glashaus wie die Pharaonen

Der Blaustich ist umwerfend. Je nach Wetter, Wolken und Sonnenstand schwankt er zwischen einem gleißenden Hell- und einem finsteren Taubenblau. Allein deshalb hat diese gläserne Pyramide, die im Südwesten Fürths direkt an der Grenze zu Nürnberg steht, das gewisse Etwas. 32 Meter ist sie hoch, der Grundriss misst 50 mal 50 Meter, der Neigungswinkel beträgt 54 Grad. Und wenn sie sich im benachbarten Main-Donau-Kanal spiegelt, wirkt es wie eine Vorbeugung vor den Pharaonen.

Im September 1994 öffneten sich erstmals die Türen zum Viereinhalb-Sterne-Hotel, das neben 104 Zimmern auf sechs Etagen eine 150 Quadratmeter große Suite, zwei Restaurants, Fitnessräume, 350 Tiefgaragenplätze und ein Kongresszentrum für Veranstaltungen bis 1.000 Personen besitzt. 22 Jahre führten Petra und Herbert Erras das Glashaus, in dem schon viel Prominenz von Bundeskanzlerin Angelika Merkel bis TV-Starmoderator Günter Jauch genächtigt und die prächtige Aussicht genossen hat.

Gravierende Baumängel und ein Rechtsstreit führten ab September 2016 zu einer fast eineinhalbjährigen Auszeit und einen Betreiberwechsel. Seit Ende Januar 2018 führt die GCH Hotel Group die Pyramide unter dem Namen Excelsior Hotel Nürnberg Fürth. Der Neuansatz nach einer umfassenden Renovierung brachte veränderte Namen mit sich. Europa und seine Hauptstädte dominieren nun bei den Tagungsräumen, Cleopatra- und Pharonen-Suite sind passé – ebenso wie die Galerie im ersten Stock.

Moderne Kunst ziert dennoch weiter die weißen Wände in Foyer und Gängen. Wegen der Form strahlt das markante Gebäude mit dem Zeug zum Wahrzeichen auch innen eine besondere Aura aus. Dass das Reinigen der 2.200 Einzelscheiben per Hand und Spezialanlage vier Wochen dauert, ist ebenso erhalten geblieben wie die große Windskulptur aus Stahl draußen vor der Pyramide. Und unverändert leuchtet es nachts blau unterhalb der Spitze.

Adresse Europaallee 1, 90763 Fürth-Südstadt, Infos: www.excelsiorhotelnuernbergfuerth.com/de | ÖPNV Bus 177, 179, Haltestelle Europaallee | Tipp Ein schöner Kontrast zur Pyramide steht gegenüber in Form des gläsernen Zylinders der Schön Klinik – ein modernes Stück Architektur, das bizarre Spiegelbilder erzeugt.

96 — Der Rathaus-Campanile
Florentinisches Flair und ein Hauch von Hollywood

Die Römer kamen nie bis Fürth. Dafür haben es die Florentiner geschafft, sich zu verewigen. Und das zentral am Rathaus. Ihr eleganter Baustil, allen voran der berühmte Palazzo Vecchio in Florenz, war Pate beim Fürther Campanile. Der Rathausturm, dessen Höhe zwischen 54,90 und 55,10 Metern schwankt, bildete 1850 das i-Tüpfelchen beim Rathauskomplex, der ab 1840 entstanden ist. So schlank und schön, wie er in den Himmel ragt, so stolz und selbstbewusst schickt er Grüße von der Kleeblattstadt in die weite Welt.

Die Fürther lieben ihr Vorzeigestück. Gern steigen sie am Tag der offenen Tür zur 45 Meter hoch gelegenen Aussichtsplattform empor. Über 127 Stufen, die im dritten Stock neben dem Zimmer des Oberbürgermeisters beginnen. Oben winkt ein traumhafter Rundumblick auf die Altstadt mit den steil aufragenden Giebeln, dem Turm von St. Michael und viel Grün außen herum. Und die Betonklötze am Hauptbahnhof und auf der Hardhöhe sind ebenso zu erkennen wie die Flutlichtmasten beim Ronhof.

Für sich gesehen, scheint der Campanile über den Dingen zu stehen. Von allen Seiten macht er eine gute Figur – gerade abends, wenn er von Scheinwerfern dosiert in Szene gesetzt wird. Es geht aber auch anders. Dreimal im Jahr verbreitet der Rathausturm einen Hauch von Hollywood, wenn er während der Nürnberger Spielwarenmesse, der Fürther Kirchweih und in der Weihnachts(markt)zeit nach Einbruch der Dunkelheit mit Hilfe von 1.950 Sechs-Watt-Energiesparlampen zu glühen beginnt.

Die LED-Lichtleisten, die an Mauerkanten, Zinnen und Fensterrahmen montiert sind, wurden im Sommer 2018 komplett ersetzt. »Heimelig warmweiß« heißt der Farbton, mit dem der Campanile jetzt Betrachtern ins Auge sticht. Irgendwo zwischen kitschig und begeisternd angesiedelt. Ähnlich wie das »Stairway to Heaven«-Glockenspiel, das werktags kurz nach zwölf Uhr mittags am Rathaus erklingt. Und so was haben weder Römer noch Florentiner.

Adresse Königstraße 86/88, 90762 Fürth-Innenstadt | **ÖPNV** U 1, Haltestelle Rathaus | **Tipp** Ein Streifzug durch das neoklassizistische Rathaus, das 1901 erweitert wurde, garantiert Entdeckungen. Unten im Foyer steht ein Nachbau des legendären »Adler«-Zugs von 1835, überall stößt man auf dreiblättrige Kleeblatt-Stadtwappen (auch im Sitzungssaal!) – und in den Fluren hängen Porträts von Ehrenbürgern und früheren Oberbürgermeistern.

FÜRTH

97 Das Ritualbad
Fremdvertraut: Tief unten ins Grübeln kommen

Von außen gesehen ist der sechseinhalb Millionen Euro teure Anbau des Jüdischen Museums ein Blickfang. Er hat eine schöne hellbraune Farbe, ein feines Fassadenmuster, das unten markant gefächert ist, klare Formen und große Fenster. Trotzdem wirkt der im Mai 2018 eingeweihte Erweiterungsbau, der auch einen großen Saal brachte, noch ein bisschen wie ein Fremdkörper. »Fremdvertraut« steht irgendwie passend im neuen Eingangsfoyer übers Eck geschrieben.

Gut ist aber, dass am Schnittpunkt von Alt und Neu das Ritualbad ins Zentrum gerückt ist. Man muss weiter den Kopf einziehen, bevor man durch den Türstock geht, wo die weiße Farbe vom Holz abblättert. Es ist ein guter Moment, um durchzuatmen, bevor es die steinerne Treppe abwärtsgeht. 17 Stufen, bei der achten taucht man ins Gewölbe der Mikwe ein. Und auf Holzbrettern versucht man sich auszumalen, wie Frauen und Männer, nach Geschlechtern getrennt, sich jahrhundertelang gewaschen haben. Mit Grundwasser, das als lebendig gilt.

Das wäre heute noch so, wenn es die NS-Zeit nicht gegeben hätte. Auch im »Fränkischen Jerusalem« wurden Juden ab 1933 verfolgt, verjagt und verhaftet. Tief unten kommt man ins Grübeln, wenn man »ganz rein« liest und an die Konzentrationslager denkt, wo der Tod durch Duschköpfe kam. Grauenvoll. Der unselige Hermann Göring verbrachte übrigens einen Teil seiner Schulzeit in Fürth.

Das Ritualbad im 300 Jahre alten Haus ist einer der eindringlichsten Orte, die das 1999 eröffnete Jüdische Museum besitzt. Es liegt neun Meter unter Erdgeschossniveau und wurde 1702 eingerichtet. Früher sollen die Wände hellblau gewesen sein, heute dominiert modriges Grün. In den alten Museumsräumen, wo es oben eine Laubhütte aus Bad Windsheim gibt, steht der jüdische Alltag im Mittelpunkt. Regelmäßig gastieren zudem Wechselausstellungen. Man darf gespannt sein, wie hier künftig der Anbau integriert wird.

Adresse Königstraße 89, 90762 Fürth-Innenstadt | ÖPNV U 1, Haltestelle Rathaus | Öffnungszeiten Di 10–20 Uhr, Mi–So 10–17 Uhr | Tipp Das Jüdische Museum Franken hat neben der Zentrale in Fürth zwei Außenstellen, eine in Schnaittach und eine in Schwabach (Infos unter www.juedisches-museum.org).

98 Das Schickedanz-Grabmal
Letzte Grüße vom Quelle-Chef

Schickedanz. Der Name stand für Größe, Glanz, Glamour und die Quelle, mit der fast alle Fürther(innen) mal verbandelt waren. Dann gingen Ende 2009 die Lichter aus, und rasant verschwand das allgegenwärtige Unternehmen aus dem Stadtbild. Doch zumindest auf dem Städtischen Friedhof gehört die Familie Schickedanz mit dem Sondergrab Nummer 212-15 auf Feld 34 weiterhin zu den Großen.

Mangels Wegweiser braucht man einen kundigen Friedhofsgast, um das Grabmal zu entdecken. Tipp: Es liegt hinter dem Kolumbarium bei einer Blutpflaume mit rötlichen Blättern. An der steinernen Wand wird auf der Rückseite Goethe mit den Worten »Des Todes rührendes Bild steht nicht als Schrecken dem Weisen und als Ende dem Frommen« zitiert. Ein versöhnlicher Wink des Unternehmer-Paars, das in der Mitte des 6 mal 7,85 Meter großen Grabs liegt.

Platz wäre für zwölf Menschen, doch nur sechs Familienmitglieder haben hier ihre letzte Ruhestätte gefunden. Neben Gustav (gestorben 1977) und Grete (gestorben 1994) sind es Eva Elisabeth (gestorben 1923) sowie Anna, Leo und Leonhard, die 1929 bei einem Unfall starben. Stolze 11.000 Euro kostet das Grab für zehn Jahre, das eine private Gärtnerei pflegt. Margareten, Tulpen, Osterglocken und Vergissmeinnicht sorgen für Farbe, im Zentrum steht ein steinernes Relief, das eine Bootsfahrt darstellt.

Wie ein Hirte wirkt ein bärtiger Mann in der Mitte, flankiert von einer schönen, starken Frau, deren Hände einen Jungen und einen kauernden Mann berühren, denen linker Hand Menschen nachschauen. Eine Abschiedsszene, die sich auf den Unfall von 1929 bezog. Die Symbolik passt dennoch gut zum Ende der Quelle und dem schnellen Vergehen des Glanzes des Weltkonzerns. Dessen durchaus wohltätiger Chef wird wegen seiner Verstrickungen in der NS-Zeit auch kritisch gesehen. Was bleibt, sind Fotos, Schul(turnhall)en, Straßennamen und: die letzte Grüße vom Grabmal.

Adresse Städtischer Friedhof, Erlanger Straße 97, 90765 Fürth-Ronhof | **ÖPNV** Bus 173, 173, 177, Haltestelle Friedhof | **Öffnungszeiten** täglich 6–21 Uhr (Sommerzeit) oder 8–19 Uhr (Winterzeit) | **Tipp** Auf dem Friedhof sind viele berühmte Fürther begraben, wie Max Grundig (Feld 44a/2) oder Fußballlegenden wie Charly Mai auf Feld 8/61, Herbert Erhardt auf Feld 36/122 und Edgar »Lohner« Burkart auf Feld 10/140.

FÜRTH

99 Das Schloss Burgfarrnbach
Goldmedaillen und ein Gruß von Fidel

Es sieht richtig feudal aus, das Schloss Burgfarrnbach, das die Grafen Friedrich und Ludwig von Pückler-Limpurg nach dem Abriss des maroden Wasserschlosses aus dem 16. Jahrhundert von 1832 bis 1834 errichten ließen. Eigentlich war der Prachtbau im klassizistischen Stil von Anfang an eine Nummer zu groß, doch die zwei Brüder wollten ein gleich großes Domizil haben. So entstand der exakt symmetrische Komplex, wo sich die Familien aus dem Weg gehen konnten.

Friedrich wohnte im Ostflügel, bei Gelegenheit traf man sich in der Mitte zum Dinieren im Speisesaal mit Blümchentapete und floralem Deckenmuster. An Prunk wurde nicht gespart, was das Schloss und speziell den Königsaal heute noch zu einem beliebten Ort für Feiern und musikalische Soireen macht. Eigentümer des Anwesens ist seit 1968 die Stadt Fürth, die es von der Limpurg'schen Wohltätigkeitsstiftung erwerben konnte, da es im zunehmend verarmten Ast der Adelsfamilie nach 1957 keine erbberechtigten Nachkommen mehr gab.

Nach der umfassenden Renovierung residierte von 1981 bis 2006 das Stadtmuseum im Ostflügel, das danach in die Ottostraße 2 umzog. Das Gros des Hauses dient nun als Basislager für die Schätze des Stadtarchivs. Und die haben es durchaus in sich: Die zwei Goldmedaillen, die der Fürther Turner Alfred Schwarzmann bei den Olympischen Spielen 1936 in Berlin gewann, sind im Verbund mit Schwarz-Weiß-Fotos und einer Bronzemedaille ausgestellt. In einer Vitrine liegt eine original kubanische Cohiba neben einem riesigen Zigarrengruß, die der »Maximo Leader« Fidel Castro einmal dem Wirtschaftswundervater Ludwig Erhard geschenkt hatte.

Zu den Vorzeigestücken gehört auch Hermann Glockners Riesenbibliothek im Turmzimmer, die am Tag der offenen Tür besichtigt werden kann. Ebenso wie das Tiepolo-Gemälde »David und Abigail«, das richtig wertvoll ist: Es wurde für eine Million Euro versichert.

Adresse Schloßhof 12, 90768 Fürth-Burgfarrnbach | **ÖPNV** Bus 172, Haltestelle Burgfarrnbach/Geißäckerstraße | **Tipp** Bei einer längeren Wanderung quer durch den Stadtwald kann man in Weiherhof den Klettergarten testen und in Zirndorf den Waldfriedhof besuchen, wo Helmut Jahn das Familien-Grabensemble gestaltet hat – das bisher einzige Projekt, das der US-Stararchitekt in seiner mittelfränkischen Heimat realisieren konnte.

100 — Der Schneckerlassteg

Zwei Ehrenrunden über den Europakanal

Als gegen Ende der 1960er Jahre der Europakanal und die Südwesttangente gebaut wurden, brachte dies 30 neue Brücken für Fürth mit sich. Neben vielen nützlichen Zweckbauten entstand auch eine Rad- und Gehwegverbindung, die mit Abstand am pfiffigsten aussieht: der Eschenausteg, der die Stadtteile Eschenau und Dambach verbindet – und den der Volksmund liebevoll Schneckerlassteg getauft hat. Was mit den schneckenförmigen Rampen auf beiden Seiten der Brücke zu tun hat.

Ganz aufgerollt wäre er 250 Meter lang, breit ist er großzügige 5,80 Meter, und die Stützweite beträgt immerhin 56 Meter. Das heißt: Man kann ganz entspannt drüberschlendern und ein bisschen von oben herab den Auto- und den Schiffsverkehr (sofern vorhanden) beobachten. Gut 6,30 Meter befindet man sich dabei über dem Wasserspiegel des Kanals.

Diese Höhe und die Nutzung als Radweg hatten an beiden Enden zu Sachzwängen geführt. Da nämlich für die Radler der Einbau von Stufen unsinnig gewesen wäre, musste ein anderer Weg gefunden werden, um die Distanz nutzergerecht und platzsparend zu überwinden. Die Lösung war schließlich eine gewundene Ehrenrunde zum Abschluss der Kanalüberquerung auf beiden Seiten.

Angesichts der schneckenartigen Form an beiden Enden dauerte es nach der Inbetriebnahme am 23. September 1970 nicht lange, bis der Steg, der genau 865.174 Mark gekostet hat, seinen Spitznamen erhielt. Und da er nicht nur bei Radlern, sondern auch bei Joggern, Skateboardern wie Bobbycar fahrenden Kindern sehr beliebt ist, war im Jahr 2010 schnell entschieden, dass die Stahlbetonkonstruktion nach 40 Jahren saniert wird. Zuerst kam ein neuer Belag, zwei lange Jahre wurde die Unterseite repariert. Auf der Nordseite sind sogar noch ein paar Bäume nachgepflanzt worden. Für die Zukunft steht für die Nutzer fest: An der Schneckerlasform darf nicht gerüttelt werden. Notfalls kommt der Denkmalschutz …

Adresse Eschenausteg, 90768 Fürth-Eschenau | **ÖPNV** Bus 178, Haltestelle Dambach/Eschenau | **Tipp** Ein Stück weiter geht es hoch zur Alten Veste mit dem Aussichtsturm, der bis 20 Uhr geöffnet ist. Auf dem Weg dorthin kommt man an der früheren LAC-Quelle-Sportanlage vorbei, wo sich neben der Coubertin- auch die Kannenbergstraße befindet – benannt nach dem Fürther Olympiasieger im 50-Kilometer-Gehen von 1972.

101 Die doppelte Siebenbogenbrücke

Wo Jogger und Sprayer neben den Zügen abheben

Es ist ein erhebendes Gefühl, wenn man über die Siebenbogenbrücke läuft. Man sieht ins Grüne, so weit das Auge reicht, und Züge zischen oft im 20-Sekunden-Takt vorbei. Irgendwie kommt einem da der Peter-Maffay-Evergreen »Über sieben Brücken musst du gehn« in den Sinn, wobei es eigentlich »Über sieben Bögen« heißen müsste. Merke: Fürth ist gern speziell, auch in Verbindung mit Bahnbrücken. Anno 1862/63 wurde das 186,70 Meter lange und zehn Meter hohe Bauwerk über das Rednitztal gespannt, mit dem die Zugverbindung nach Westen einen kräftigen Schub bekam. Durch die Konstruktion aus sieben je 20,40 Meter breiten und weit geschwungenen Bögen ebnete man den Weg für die Strecke nach Würzburg.

Mehrfach waren Erweiterungen nötig, um Platz für fünf Gleise zu haben. Als der S-Bahn-Ausbau anstand, wurde 2011 direkt nebenan ein Schwesterchen gebaut. Statt Sandstein verwendete man Beton, und da auf eine Innenverkleidung verzichtet wurde, wirkt die nicht mal halb so breite zweite Siebenbogenbrücke leichtfüßiger als die erste. Grundsätzlich orientierten sich die Planer aber am denkmalgeschützten Vorbild, dem am Ende des Zweiten Weltkriegs der siebte Bogen fehlte, weil die Nazis beim letzten Gefecht auf Fürther Boden im April 1945 einen Pfeiler gesprengt hatten.

Die Amerikaner reparierten die Bahnbrücke, heute sind die Stützen mit Beton verstärkt. Bei Hochwasser sorgt die Rednitz, die normalerweise durch den zweiten Bogen fließt, für eine ausgedehnte Seenlandschaft. Ansonsten sind es Graffiti-Künstler, die pausenlos für Aufsehen sorgen. Kein Pfeiler, der nicht mit diversen Namen, Kritzeleien und Zeichen versehen ist. Die doppelte Siebenbogenbrücke ist derweil nicht nur ein Paradies für Sprayer und Jogger, sondern auch ein beliebter Treffpunkt an lauen Sommerabenden. Bemerkenswert: Die Stadt hat nach Lärmproblemen die Nutzungszeit verlängert.

Adresse zu erreichen von der Innenstadt direkt über die Karolinenstraße, 90762 Fürth-Südstadt | **ÖPNV** U1, Haltestelle Hauptbahnhof | **Tipp** Südlich der Siebenbogenbrücke erstreckt sich das Wasserschutzgebiet mit dem Wasserwerk, das am westlichen Fuß- und Radweg liegt. Davor lädt in den Sommermonaten ein Brunnen zu einem kühlen Schluck Trinkwasser ein.

102 — Der Solarberg
Nie mehr zweite Liga

Er ist 347,70 Meter hoch, was nicht so riesig ist, dass der Energieberg, wie er auf der Landkarte heißt, von Weitem ins Auge stechen würde. Trotzdem hat dieser zwischen Stadeln, Flexdorf und Atzenhof gelegene Hügel etwas Herausragendes: Er ist das Symbol für die Erstklassigkeit der Kleeblattstadt bei der Sonnenstromerzeugung. Denn die am Südhang installierte Anlage war mitentscheidend, dass Fürth in der prestigeträchtigen »Solarbundesliga« in die Spitzengruppe sprang. Zuletzt rangierte man unter den deutschen Großstädten mit über 100.000 Einwohnern meist auf Platz 7 – hinter Ulm, Ingolstadt, Kaiserslautern, Reutlingen, Erlangen und Freiburg, aber weit vor Nürnberg (Rang 1.668), München (1.745) oder Berlin (2.189).

Man schrieb den 23. Dezember 2003, als die mit einer Leistung von rund 1.000 Kilowattstunden im Jahr größte Photovoltaikanlage Nordbayerns ans Netz ging. Die Kommune ist einer von 150 Unterstützern, für die sich die Investition mehr als gelohnt hat, weil die vorhergesagten Gewinne deutlich übertroffen wurden, wie die Zehn-Jahres-Bilanz zeigte.

Trotzdem reibt man sich immer noch die Augen, wenn man sich dem Solarberg nähert: Auf Betonsockeln sind die dunkelblauen Module in mehreren Reihen schräg montiert, was futuristisch aussieht und von der Seite an eine irre Skisprungschanze erinnert. Mit der Entscheidung für die Sonnenenergie ist der frühere Müllberg am Main-Donau-Kanal, wo von 1968 bis 1999 rund 2,6 Millionen Kubikmeter Abfall gelagert wurden, zu einem Symbol für die Zukunft geworden. Während um die Ecke ein lang gezogener Solarwall hinzugekommen ist, wird am Berg zusätzlich über 17 Gasbrunnen Energie gewonnen.

Ganz oben am Solarberg gibt es eine breite Aussichtsplattform, die einen tollen Rundumblick bietet. Und neben Infotafeln sind auch tastbare Orientierungshilfen für Blinde und Sehbehinderte vorhanden. Ein erstklassiger Service.

Adresse Vacher Straße 333, 90768 Fürth-Atzenhof, von dort und vom Main-Donau-Kanal führt ein Weg hoch zum Solarberg | **ÖPNV** Bus 173, Haltestelle Flexdorf | **Tipp** Schräg gegenüber an der Mainstraße liegt die Ruine der 1997 errichteten Schwelbrennanlage. Aus technischen Gründen ging sie nie in Betrieb – die Stadt Fürth nutzt folglich die Müllverbrennungsanlage in Nürnberg.

103 Die Solegrotte
Dem Meer ganz nah

Dass Fürth am Meer lag, dürfte schon ein paar Millionen Jahre her sein. Es war etwa zur Kreidezeit, wenn man an Versteinerungen im Solnhofer Kalk denkt, die darauf schließen lassen, dass der hiesige Landstrich damals lagunenartig ausgesehen hat. Aber man darf auch heute mal träumen. Und nach warmen Heilquellen bohren, um sich Bad im Ortsnamen nennen zu dürfen. Das hat auch hier mehrfach zu Tiefbohrungen und sogar kleinen Erfolgen und den heutigen Heilquellen gesorgt (siehe Gaggalas-Quelle, Nr. 67). Den Bad-Zusatz gab es allerdings bisher nicht.

Die letzte ambitionierte Bohrung hat anno 2007 immerhin mit zur Umgestaltung des Hallen- und Freibads am Scherbsgraben geführt. Verbunden mit dem Werbespruch »Ab ans Meer«, mit dem anfangs großflächig und sogar beim Nürnberger Hauptbahnhof für das neue Fürthermare geworben wurde. Ein bisschen hochtrabend klang das schon, weil die Wasserlandschaft im Großen und Ganzen halt ein Sammelsurium aus Spaßbad, Wellness, Sauna, Hallen- und Freibad ist, wo Rutschen und Fitnessgeräte nicht fehlen. Doch das aus der Tiefe angezapfte Thermalwasser hat zu einer besonderen Attraktion geführt, die dafür sorgt, dass zumindest das Tote Meer ganz nah ist: die Solegrotte.

Wer sie genießen will, muss 16 Jahre alt sein und einen Euro extra bezahlen. Das trennt die Spreu vom Weizen der Badegäste, die sich in diesem Becken wunderbar fallen lassen dürfen. Im badewannenwarmen Salzwasser beginnt man zu schweben, während es über Unterwasserlautsprecher Balsam für die Ohren gibt und psychedelische Farbenspiele an der schrägen Grottenwand mäandern.

Wer sich auf das Sinnesabenteuer für Körper und Geist einlässt, der verliert rasch das Gefühl für Raum und Zeit. Man geht auf eine schwerelose Reise – irgendwo zwischen Atlantis und der Scherbsgrabenbucht. Fehlen nur noch die Meeresschildkröten, die einem auf die Schulter klopfen.

Adresse Scherbsgraben 15, 90766 Fürth-Weststadt | **ÖPNV** Bus 172, Haltestelle Scherbsgrabenbäder | **Öffnungszeiten** täglich 10–23 Uhr, Infos unter www.fuerthermare.de | **Tipp** Ein erhebendes Gefühl ist das Laufen, Spazieren und Radeln über den hölzernen Hardsteg durch die Wiese zwischen Cadolzburger Straße und Uferpromenade.

104 Der Sportpark Ronhof

Blühende Wand in der erstklassigen Haupttribüne

Es gab Zeiten, in denen es im Ronhof still war, obwohl man fast so nah dran ist wie auf einem Dorffußballplatz. Das lag daran, dass Fürther Fans seit jeher als Anhänger des gepflegten Flachpassspiels überkritisch sind. Der Deutsche Meister von 1914, 1926 und 1929 stand für gehobene Spielkunst und nicht nur Kampf. Darin wurzelt auch ein Lied über den 1903 gegründeten Verein und seine 1910 errichtete Arena, das bei Heimspielen stets erklingt. Es beginnt mit den Worten »Wenn der Ball im Ronhof rollt, dou möi mer hie« und enthält den urökologischen Satz »Wir reißen Bäume aus, wo keine sind«.

Tränen sind trotzdem schon viele geflossen. Wenn haarscharf der Aufstieg verpasst oder im Pokal in letzter Sekunde verloren wurde. Der Absturz 1988 in die Viertklassigkeit ist jedoch Geschichte, die Vernunftehe 1995 mit dem TSV Vestenbergsgreuth hat sich ausgezahlt. Das Ende der »Unaufsteigbartour« brach 2012 alle Dämme. Wie eine grüne Wand stehen die Fans nicht nur auf der Nordtribüne des Sportparks Ronhof, der dank des Sponsors Thomas Sommer wieder so heißen darf, hinter dem Team.

16.626 Zuschauer passen seit der Erweiterung der Haupttribüne rein, die im Juli 2017 eingeweiht wurde. Sie ist ein Schmuckstück geworden, das auch vermietet wird. Modern und ästhetisch gestaltet, mit schönen Nischen, wo Historie stimmig zur Schau gestellt wird. Das beginnt schon eingangs beim grünen, blühenden Kleeblatt-Wandteppich, vor dem der handgemachte Wimpel des FC Barcelona vom September 1922 daran erinnert, dass damals die Fürther als erstes ausländisches Team bei den Katalanen gewannen.

Flankiert von leckerem Essen gibt es an den Tribünen-Wänden viel Geschichtsträchtiges zu entdecken – neben den Schuhen der 27 Aufstiegshelden von 2012 gehört auch die Kleeblatt-Elf des Jahrhunderts dazu. Oben, wo zwölf VIP-Loungen untergebracht sind, winkt ein Panoramablick auf Fürth und: die »Mannschaftskabine« mit Sitzbänken aus den alten Umkleiden. Prädikat: erstklassig!

Adresse Laubenweg 60, 90765 Fürth-Ronhof | **ÖPNV** Bus 177, 179, Haltestelle Sportpark Ronhof | **Tipp** »Sportheim« heißt der erste eigene Fanshop, den die SpVgg Greuther Fürth seit August 2018 im Erdgeschoss der Haupttribüne betreibt. Ein liebevoll mit alten Plakaten, Sprüchen wie »Mit jeder Faser Kleeblatt« und einem ehemaligen Kassenhäuschen ausstaffierter Laden, in dem es jede Menge Fanartikel gibt. Einziges Manko: Die T-Shirts riechen nicht mehr so würzig wie zuvor im Greuther Teeladen (siehe Nummer 69).

105 Das Stadttheater
Grüner Farbtupfer über weinroten Sitzen

Es war ein Festtag, als 1902 das Stadttheater mit Beethovens »Fidelio« eröffnet wurde. Nicht minder groß wurde gefeiert, als der Musentempel 100 Jahre später nach der Sanierung in neuem Glanz erstrahlte. Dass das Haus, das die berühmten Wiener Theaterarchitekten Helmer und Fellner entwarfen, der ganze Stolz Fürths ist, hat viel mit seiner Entstehungsgeschichte zu tun: Durch die Initiative des aufstrebenden Bürgertums wurde der neobarocke Neubau flott realisiert – und mit ihm rückte das Theater vom Rand des Gänsbergs mitten ins Zentrum.

Den Sieg des Schönen und der Künste symbolisiert unübersehbar die weibliche Galionsfigur mit Lyra und Fackel über dem Portalbogen, in Theaterkreisen liebevoll »Else« genannt. Das sinnliche Spiel der bezaubernden Musen verziert golden den Innenraum, wo ein stattlicher Kronleuchter über den weinroten Sitzen baumelt. Und das dreiblättrige Kleeblatt prangt nicht nur draußen vor der Tür in luftiger Höhe, sondern auch mitten an der Decke über der Bühne – als schöner grüner Farbtupfer im Meer aus Rot, Gold und Weiß.

Der seit 1990 amtierende Dauer-Intendant Werner Müller hat es geschafft, Niveau und Besucherzahlen des Stadttheaters beeindruckend zu steigern. Mögen Klassiker wie Schiller, Lessing und Goethe sowie Mozart, Wagner und Beethoven an den Außenmauern prägend sein, innen sind beim Dreiklang aus Gastspielen, Kooperationen und Eigenproduktionen stets Vielseitigkeit und Mut zu Neuem angesagt, wobei das Tanztheater als Aushängeschild gilt.

Ein Renner ist die Revue »Petticoat und Schickedance« zum Stadtjubiläum 2007 gewesen, bei der einheimische Fußballfans auf der Bühne standen. Bürgerbühnen-Produktionen sind fester Bestandteil im Repertoire. Kein Wunder, dass alle sozialen Schichten unter den 7.000 Abonnenten vertreten sind. Nürnberger übrigens auch, die gern einräumen, dass das schönere Theater in Fürth steht.

Adresse Königstraße 116, 90762 Fürth-Innenstadt; Parkplätze gibt es direkt nebenan in der sehr verwinkelten Tiefgarage des City-Centers | **ÖPNV** U 1, Haltestelle Rathaus | **Tipp** Dass es einen fast identischen Zwillingsbau in der ukrainischen Stadt Czernowitz gibt, gehört zu den Besonderheiten des Fürther Stadttheaters. Das nur nebenbei, naheliegend ist nach der Vorstellung ein gastronomischer Abstecher entweder in die »Schilderwach« oder in den »Andalusischen Hund«.

FÜRTH

106 Der Tabakbauer Pfann
Heißer Stoff für Wasserpfeifen

Das Knoblauchsland ist seit dem Mittelalter die Speisekammer der Fürther, Erlanger und Nürnberger. Ein großer Gemüsemix von Tomaten über Kartoffeln und Paprika bis zum Spargel wird hier angebaut. Was aber bis heute verblüfft: Seit 400 Jahren gehört auch Tabak zur Produktpalette. Wobei die Subventionspolitik der EU mit dem Aus für Zigarettentabak und der Neubau des Möbelhauses Höffner dafür gesorgt haben, dass die meisten Tabakbauern zwischen Kleingründlach und Herboldshof das Handtuch warfen. Übrig geblieben sind nur zwei Familien in Steinach: die Höflers und die Familie Pfann.

Peter und Sohn Gerhard Pfann setzen die Tradition fort. Folglich blüht die Tabakpflanze nicht nur an der Fassade des 250 Jahre alten Hofs, sondern auch nebenan auf den Feldern. Wobei die Pfanns nur noch auf zwei statt auf acht Hektar Gesamtfläche damit anbauen. Das hat damit zu tun, dass seit 2011 nicht mehr klassischer Zigarettentabak angebaut wird, sondern nur noch Stoff für Wasserpfeifen, der über eine Erzeugergemeinschaft nach Ägypten und Indien geliefert wird.

Zuvor waren Tabakerzeugnisse aus dem Knoblauchsland jahrzehntelang bei Reemtsma in Hamburg gelandet und zu Reval, Ernte 23 oder Roth-Händle verarbeitet worden. »Ein gewisses Aroma« wurde den Blättern von Pfann & Konsorten nachgesagt, doch einen ganz speziellen Fürther Geschmack habe es nie gegeben, heißt es. Schließlich war das Produkt aus Steinach nur eine von 36 Sorten, die am Ende zusammengemischt wurden.

Angepflanzt wird Tabak alle Jahre im Mai nach den Eisheiligen. Um den 10. Juli läuft die erste Ernte, danach werden die Blätter getrocknet. Da Wasserpfeifentabak durch Heißlufttrocknung bei 35 bis 62 Grad Celsius nach fünf bis sieben Tagen fertig ist (und nicht nach sechs Wochen Lufttrocknen wie der Zigarettentabak), brauchen die Pfanns deutlich weniger Lagerplatz. So hat letztlich doch alles sein Gutes.

Adresse Steinach 9, 90765 Fürth-Steinach | **ÖPNV** S 1, Haltestelle Vach, oder Bus 189, 179, Haltestelle Steinacher Straße | **Tipp** Nebenan steht mit dem Höffner das angeblich größte Möbelhaus Europas. Spannender ist aber die Suche nach dem Drei-Städte-Weiher mit einer idyllischen Bank ein Stück weiter im Grenzgebiet von Steinach, Eltersdorf und Kleingründlach (von hier führt ein Weg hin!).

107 — Die Tanzschule Streng
Schritte, die die Welt bedeuten

Tanzschulen gelten als förmlich und steif. Wenn eine dann noch »Streng« heißt, scheint alles zu spät. Doch Manfred Streng, Jahrgang 1941, widerlegt solche Vorurteile im Nu. Mit dem Schalk im Nacken kann er stundenlang davon erzählen, wie er den Familienbetrieb Stein für Stein, Schritt für Schritt zu einer zeitlosen Institution gemacht hat.

1889 hatte der Pfarrerssohn Carl Friedrich Streng die Tanzschule gegründet. Unterrichtet wurde nebenan in Privaträumen, die Bälle liefen im Weißengarten-Saal, vis-à-vis vom damaligen Theater und unweit der Grüner-Brauerei. Das Geschäft florierte, doch das Tanzverbot von 1943 und die Beschlagnahmung des Anwesens durch das US-Militär von 1945 bis 1949 führten zu einer Zwangspause und einer existenziellen Krise. Weil der Vater 1943 und sein Großvater 1953 starben, übernahm der Youngster nach der Tanzlehrerprüfung 1962 das Geschäft. Mit Ehefrau Ingrid, vielen Sperrholzplatten und der Liebe fürs Detail sorgte Streng für neuen Glanz im Ballsaal – inklusive Spiegelsäulen, Holztäfelung, glattem Parkett, gepolsterten Sitznischen und Discoglitzerkugel.

Über Mundpropaganda und einen Schülerzeitungsbericht der »Germania« erlebte das Haus einen ungeahnten Aufschwung. Der Streng wurde Kult. Um mehr Platz zu haben, buddelte er in den 1980ern acht Jahre lang den Keller aus. Aus einem Hohlraum wurde ein Tanzsaal, in dem die Thekenkopie der »Adler«-Eisenbahn einer von vielen Blickfängen ist. In fünf Sälen kann gleichzeitig getanzt werden – ob Anfänger-, Supergoldstar- oder Hochzeits-Crashkurs. Dazwischen tummeln sich »Pampersrocker«, Senioren und Gruppen von der Lebenshilfe.

Streng geht es selten zu. »Wir machen viel Blödsinn«, verspricht der Chef, der zuletzt auch Yoga und Fitness ins Programm aufgenommen hat. Und er träumt weiter vom Nachbau des Originalkronleuchters, von dem nur ein Teil erhalten geblieben ist.

Adresse Theaterstraße 5, 90762 Fürth-Innenstadt | **ÖPNV** U 1, Haltestelle Stadthalle | **Tipp** Um die Ecke geht es am Gänsberg hoch zur Stadthalle, wo jede Menge Konzerte, Tagungen, Feste und Messen stattfinden. Und sie ist innen deutlich schöner, als der seltsam verformte Riesen(glas)kasten von außen vermuten lässt.

FÜRTH

108 — Der U-Bahnhof Rathaus
Blaue Wunder im Untergrund

U-Bahnhöfe sind nicht gerade Orte, wo man mehr Zeit als nötig verbringen will. Auch in Fürth ist das so, zumal Planung und Bau in Nürnberger Hand liegen, was die Sympathie für die dazu noch roten »Pegnitzpfeile« nicht förderte. Zudem sind die ersten Stationen an der Stadtgrenze, in der Jakobinenstraße und am Hauptbahnhof so grau und trist geworden, dass keine Begeisterung ausbrechen konnte. Und auch der Abschnitt Richtung Rathaus und Stadthalle stand erst mal unter keinem glücklichen Stern.

Vor allem der Abriss vom »Café Fürst« in der Ludwig-Erhard-Straße erhitzte damals die Gemüter. Doch dann kam am Rathaus der Eröffnungstag 5. Dezember 1998 – und er sorgte am Bahnsteig für ein blaues Wunder: 13 Meter unter der Erde überraschte an den Wänden des U-Bahnhofs Rathaus ein lang gezogener Blick aus der Vogelperspektive auf die Fürther Altstadt. Mit einem Schlag bekam das Warten auf die U-Bahn einen ungeahnten Reiz: Tief unten schaute man vom Rathausturm runter – genial!

Drei Jahre hatten sich Grafik-Design-Studentinnen der Nürnberger Ohm-Hochschule Gedanken gemacht. Während eine Station weiter unter der Stadthalle ein Fliesen-Wechselspiel zwischen blau (stadtauswärts) und bunt (stadteinwärts) herauskam, sorgte Tanja Bürgelin-Arslan in Kooperation mit den Professoren Ortwin Michl und Ethelbert Hörmann für den Rathaus-Blickfang. Da einzelne Bauwerke zwischen den blau gedruckten Häuserzeilen farblich hervorgehoben sind, entsteht ein Spannungsfeld, das magnetisch wirkt.

Ergänzend werden an mehreren Stellen historische Infohäppchen serviert. Zu Rathaus, Stadttheater, Michaeliskirche und zur jüdischen Geschichte, zum Schriftsteller Jakob Wassermann oder zur Gustavstraße, die ursprünglich Bauerngasse hieß, bis 1632 der Schwedenkönig Gustav Adolf vor der Schlacht bei der Alten Veste in der Fürther Altstadt übernachtete. Tja, wieder was gelernt im Untergrund.

Adresse Königstraße, 90762 Fürth-Innenstadt | **ÖPNV** U 1, Haltestelle Rathaus | **Tipp** Der U-Bahnhof hat viele Ausgänge – wenn man den zur Schwabacher Straße nimmt, kommt man entlang der Fußgängerzone zum »Dreiherrenbrunnen«, den Gerhard Maisch 1988 geschaffen hat. Er stellt den Bischof von Bamberg, den Markgrafen von Brandenburg-Ansbach und einen Nürnberger Patrizier dar, die jahrhundertelang in Fürth mehr gegen- als miteinander regierten – was den »Färddern« gar nicht unlieb war, weil es so manche Freiheiten mit sich brachte.

109_ Der Waagplatz
Ein ganz besonderes Pflaster

Ab und zu kommt der Waagplatz aus dem Gleichgewicht. Dann wirkt es, als ob die Häuser zurückweichen und sich das alte Kopfsteinpflaster ausbreitet, damit all die Leute auch drauf passen. Besonders heftig ist dieser Dehnungseffekt während der Altstadtweihnacht im Dezember. Aber auch bei Festivitäten im Sommer, besonders beim Grafflmarkt, entfaltet der Platz sein einzigartiges Flair.

Der Name kommt von der Stadtwaage, die von 1835 bis 1960 neben dem Gasthaus »Zum roten Ross« stand. Heute erinnert eine graue Brunnenplastik mit riesigen Gewichtsteinen, die neben der stattlichen Linde steht, an diese Zeit. Dass das Areal mal zu einem Gehöft gehörte, untermauert der torartige Zugang an der Ost-Seite. Danach folgt ein Knick entlang der kleinen Häuserzeile mit der Freibank, wo man früher Fleisch aus Notschlachtungen, das bei der Fleischbeschau als bedingt tauglich, aber nicht gesundheitsschädlich eingestuft worden war, günstig verkaufte. Die denkmalgeschützten Gebäude der Freibank hat der Altstadtverein St. Michael im Februar 1988 gekauft und generalsaniert. Er betreibt dort eine Bildergalerie und wirbt mit dem Motto »Aus Alt mach Schee«.

Seit 1981 läuft alljährlich am Waagplatz der Weihnachtsmarkt in Form einer Minibudenstadt mit vielen Kunsthandwerkern, Konzerten und einer Maroni-Rösterei. Attraktiv sind auch die Gaststätten mit irischer, italienischer, griechischer und fränkischer Note, flankiert von Läden, die Schmuck, Mode und Keramik anbieten. Hausnummer 3 gilt als das kleinste Haus von Fürth, wo eine Goldschmiede ansässig ist. Die mit Fachwerk angereicherten Sand- und Backsteinhäuser sind ab dem 17. Jahrhundert entstanden. Mit den angrenzenden Gebäuden, die teils alte Schieferfassaden haben, bilden sie ein malerisches Ensemble rund um ein besonderes Pflaster. Und jeden Samstag gastiert von 9 bis 14 Uhr ein kleiner Bauernmarkt.

Adresse Waagplatz, 90762 Fürth-Altstadt | **ÖPNV** U1, Haltestelle Rathaus | **Tipp** Das Eine-Welt-Haus Fürth lädt um die Ecke in der Gustavstraße 31 zum Entdecken von fair gehandelten Waren ein – von Kaffee über Milch und Schockolade bis zu internationalen Geschenkideen (Montag bis Samstag, ab 10 Uhr) – zuvor war hier das Lim-Haus ansässig.

FÜRTH

110 Das Wildschweingehege
Schwatz am Zaun mit Schwarzkitteln

Natürlich stinken sie wie die Sau und benehmen sich gern schweinisch. Trotzdem pilgern kleine, große, junge wie alte Fürther total gern zum Wildschweingehege im Stadtwald. Initiiert wurde es in den 1980er Jahren von der damaligen SPD-Stadträtin Erika Jahreis über eine Spendenaktion, die neben der Sparkasse den Unternehmer Max Grundig köderte. Alles lief so rund, dass am Ende das Gehege fürs Borstenvieh 1987 realisiert werden konnte.

Anfangs grinsten manche drüber, doch im Laufe der Zeit ist ein Magnet für Kindergärten, Schulen und Familien entstanden. Denn die Schwarzkittel können hautnah am Zaun erlebt werden. Ein Keiler namens Rudi und die Bache Emma, ein Wildfang aus dem Cadolzburger Forst, sind seit Jahren die Hausherren auf dem einen Hektar großen Gelände. Stadtförster Martin Straußberger hat ein Auge auf die – je nach Jahreszeit – sechs- bis zehnköpfige Rotte. Und er darf keine Gnade kennen, wenn es um die Population geht.

Die Frischlinge werden in der Regel nach einem Jahr abgeschossen und landen irgendwo als Braten auf dem Teller. Spaziergänger kriegen von der Jagd wenig mit. Viele füttern die borstigen Lieblinge aber regelmäßig mit deren Leibgericht: Spaghetti. Ausbüxen können die Wildschweine eigentlich nicht, doch zweimal ist es schon passiert. 2000 und 2002 wurde durch geknickte Bäume der Zaun löchrig. Einmal kamen die Tiere selber zurück, das andere Mal mussten die Bachen erlegt werden, um die Frischlinge duftmäßig anzulocken.

Abgesehen vom Borstenvieh hat der Stadtwald auch Hasen, Rehe, Füchse, Dachse und neuerdings auch Rotwild zu bieten, das aber deutlich scheuer als Wildschweine ist. Zudem ziehen vier markierte Strecken die Spaziergänger und Jogger an. Außerdem gibt es den roten Marmarisweg und den grün-weißen Kleeblattweg. Der ist mit 23 Kilometern am längsten und beginnt bereits in der Südstadt. Klingt saustark.

Adresse Zum Vogelsang 20, 90768 Fürth-Oberfürberg, Infos über die Stadtförsterei, Tel. 0911/721467 | **ÖPNV** Bus 178, Haltestelle Graf-Stauffenberg-Brücke | **Anfahrt** mit dem Auto Richtung Hotel Forsthaus, dann geradeaus weiter bis zum Wanderparkplatz am Stadtwald | **Tipp** Rund um das Wildschweingehege gibt es mehrere schöne Wander- und Laufstrecken und einen drei Kilometer langen Trimm-dich-Pfad. Zudem bietet die Stadtförsterei einen Waldlehrpfad mit 16 Stationen.

111 Das Zwei-Städte-Brauhaus

Wo würzige Biersuppe über Grenzen fließt

Im Heiligsten riecht es heftig. Nach einer würzigen Biersuppe, voll Hopfen und Malz. Sie köchelt in vier runden Bottichen, die sich schön geometrisch im Viereck gegenüberstehen. Und mittendurch verläuft die Nürnberg-Fürther Stadtgrenze, markiert von drei goldenen Pfeilern und umrahmt von den zwei Stadtwappen. Zwei-Städte-Brauhaus heißt der Ort, den sich die Tucher Bräu ausgedacht hat, als in den 1990er Jahren ein neues Firmenzentrum geplant wurde.

Klar war, dass die alten Standbeine an der Schillerstraße (in Nürnberg) und an der Schwabacher Straße (in Fürth) aufgegeben und in Wohnviertel verwandelt werden sollten. Das Problem hieß: Wo kann Tucher Bier brauen, das in beiden Städten akzeptiert wird? Die Lösung bot ein Grenzgrundstück am Main-Donau-Kanal, das seit 1999 sukzessive bebaut wird und das zu einem weltweiten Unikum geführt hat.

23 Millionen Euro hat die neue Braustätte gekostet, die im Herbst 2008 eingeweiht wurde. Das Herzstück ist das Sudhaus, wo Biersuppe in sechseinhalb Stunden viermal das Stadtgebiet wechselt: Das Einmaischen erfolgt in Nürnberg, das Filtern im Läuterbottich in Fürth, die Würzpfanne köchelt in Nürnberg, und der Feststoff-Whirlpool dreht sich wieder in Fürth. Alles läuft also völlig lokalpolitical korrekt.

Dass Bier dann acht Tage gären muss und je nach Sorte weitere zwei Tage beim Weizen oder bis zu neun Wochen beim Bock im Gärtank landet, erfährt man bei Führungen von Helmut Ell, der als Tucher-Gebietsverkaufsleiter auch eine zentrale Rolle bei der Wiederbelebung einer 1977 eingestellten Fürther Gerstensaftlegende spielte. Am 29. September 2011 begann das Comeback des Grüner-Biers, das unter dem Motto »beliebt, bekannt, begehrt« alle Erwartungen übertraf. Gebraut wird es übrigens nicht in roten Kupferkesseln, sondern in silbernen Edelstahlbehältern, die als hygienischer und energiesparender gelten. Na denn: Prost!

Adresse Tucherstraße 10, 90763 Fürth-Süd | **ÖPNV** Bus 67, Haltestelle Weikershof-Süd | **Öffnungszeiten** Führungen unter Tel. 0911/97760 | **Tipp** Kein Gedenkstein erinnert drei Steinwürfe westlich des Tucher-Areals, dass dort um 2011/2012 mal ernsthaft der Bau eines neuen Fürther Fußballstadions geplant wurde – brütende Kiebitze auf dem auserkorenen Grundstück sorgten auch dafür, dass die Pläne scheiterten.

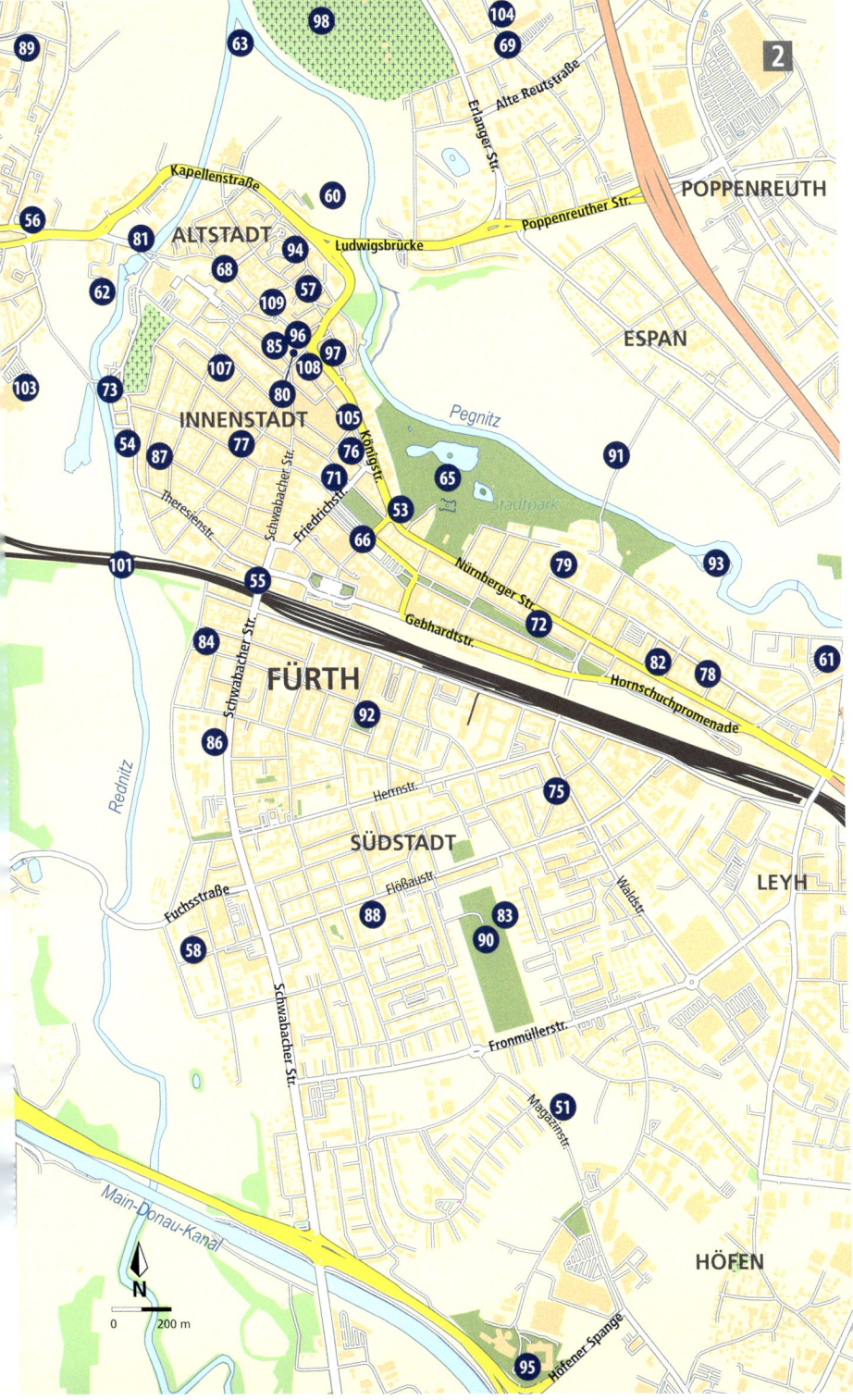

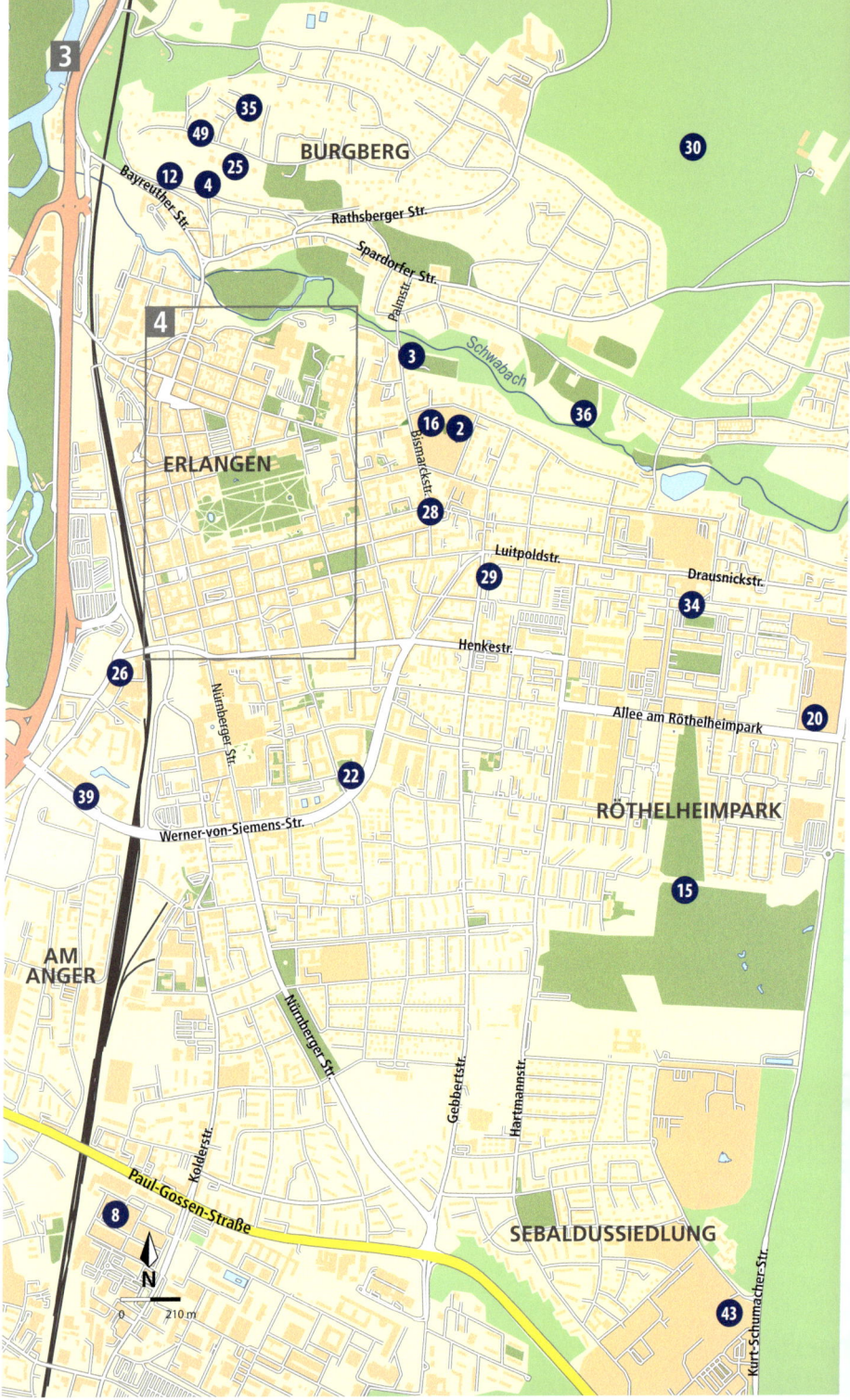

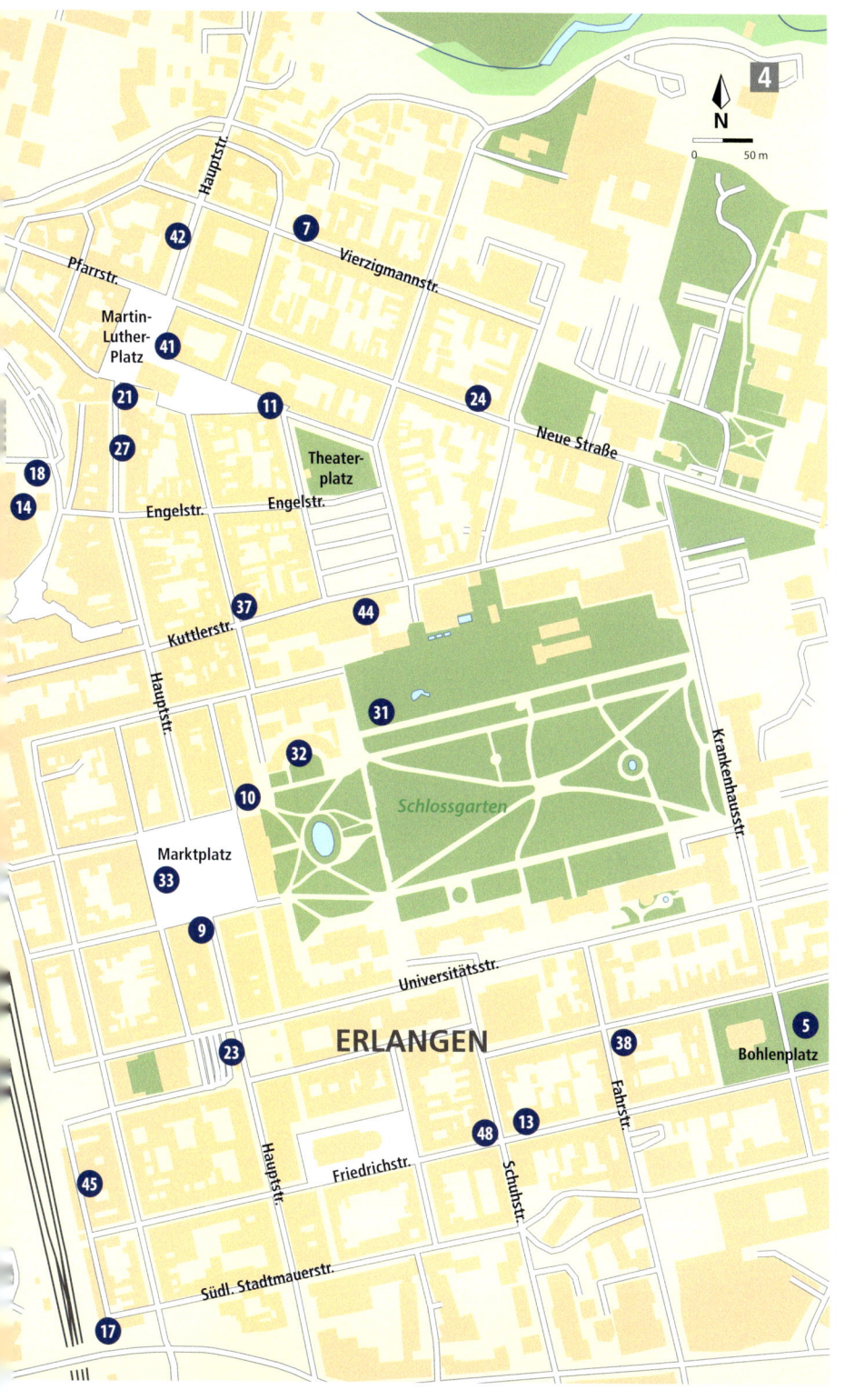

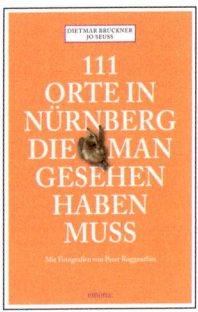

Dietmar Bruckner, Jo Seuß
111 Orte in Nürnberg, die man gesehen haben muss
ISBN 978-3-95451-042-9

Cornelia Ziegler
111 Orte rund um München, die man gesehen haben muss
ISBN 978-3-7408-0437-4

Christine Hochreiter, Frank Klein
111 Orte in und um Passau, die man gesehen haben muss
ISBN 978-3-7408-0429-9

Bernd Schinner, René Rabenbauer
111 Orte im Fichtelgebirge, die man gesehen haben muss
ISBN 978-3-7408-0405-3

Eva Krötz
111 Orte im Oberpfälzer Wald, die man gesehen haben muss
ISBN 978-3-7408-0331-5

Ottmar Neuburger, Lisa Graf-Riemann
111 Orte vom Wilden Kaiser bis zum Dachstein, die man gesehen haben muss
ISBN 978-3-7408-0138-0

Dorothea Steinbacher
111 Orte im Chiemgau und im Rupertiwinkel, die man gesehen haben muss
ISBN 978-3-7408-0131-1

Tim Frühling, Christine Frühling
111 Orte in Osthessen und in der Rhön, die man gesehen haben muss
ISBN 978-3-7408-0127-4

Astrid Süßmuth
111 Orte im Werdenfelser Land, die man gesehen haben muss
ISBN 978-3-7408-0118-2

Oliver Ultsch, Pia Ultsch
111 Orte in und um Coburg, die man gesehen haben muss
ISBN 978-3-95451-923-1

Jochen Reiss
111 Orte im Fünfseenland, die man gesehen haben muss
ISBN 978-3-95451-851-7

Sabine Becht, Sven Talaron
111 in und um Bamberg, die man gesehen haben muss
ISBN 978-3-95451-706-0

Julia Lorenzer, Fabian Marcher
111 Orte in Rosenheim und im Inntal, die man gesehen haben muss
ISBN 978-3-95451-735-0

Gregor Nagler
111 Orte in Augsburg, die man gesehen haben muss
ISBN 978-3-95451-598-1

Richard Auer, Gerhard von Kapff
111 Orte im Altmühltal und in Ingolstadt, die man gesehen haben muss
ISBN 978-3-95451-616-2

Reiner Vogel, Maximilian Raab
111 Orte in Niederbayern, die man gesehen haben muss
ISBN 978-3-95451-539-4

Kerstin Söder
111 Orte im Fränkischen Seenland, die man gesehen haben muss
ISBN 978-3-95451-492-2

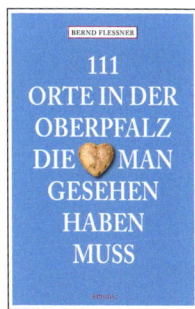

Bernd Flessner
111 Orte in der Oberpfalz, die man gesehen haben muss
ISBN 978-3-95451-369-7

Marko Roeske
111 Orte im Bayerischen Wald, die man gesehen haben muss
ISBN 978-3-95451-328-4

Cornelia Ziegler
111 Orte im Allgäu, die man gesehen haben muss
ISBN 978-3-95451-343-7

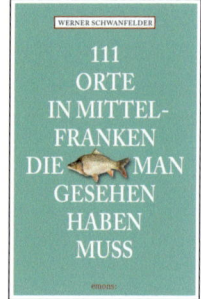

Werner Schwanfelder
111 Orte in Mittelfranken, die man gesehen haben muss
ISBN 978-3-95451-336-9

Renate Bugyi-Ollert (Recherche),
Bernhard Horsinka,
Angelika Baumgartner
111 Orte in und um Würzburg, die man gesehen haben muss
ISBN 978-3-95451-216-4

Dietmar Bruckner,
Michaela Moritz
111 Orte in Bayreuth und der Fränkischen Schweiz, die man gesehen haben muss
ISBN 978-3-95451-130-3

Dietlind Castor
111 Orte am Bodensee, die man gesehen haben muss
ISBN 978-3-95451-063-4

Lust auf mehr? Laden Sie sich die »LChoice«-App runter, scannen Sie den QR-Code und bestellen Sie weitere Bücher direkt in Ihrer Buchhandlung.

Danksagung

Der Autor bedankt sich bei allen Leuten, die ihn bei dem Buch unterstützt und inspiriert haben. Insbesondere bei seiner Familie (speziell Andrea, Pauline, Valentin und Tizian), bei den Fotografen Hans und Harald, beim Verlag Nürnberger Presse und beim Emons Verlag. Ein dickes Dankeschön geht zudem für wertvolle Tipps an Alexander, Dieter, Helmut, Karin, Klaus E., Klaus L., Markus E., Markus H., Stefan, Thomas, Veit, Wolfgang sowie Sylvia, Kirsten, Eva, Dagmar, Julia, Irena, Simone, Petra, Sigi, Florian und Daniel.

Ein Extra-Dank gebührt dem Jazzmusiker, Komponisten und Grammy-Preisträger Herbert Pilhofer, der in Fürth geboren wurde und 1954 in die USA ausgewandert ist – dank ihm ist dieses Buch auch in den Vereinigten Staaten präsent.

Der Autor

Jo Seuß, 1960 in Dillingen/Donau geboren, lebt seit 1967 im Großraum Nürnberg, Erlangen und Fürth. Er ist in Nürnberg aufgewachsen, hat in Erlangen ein »Studium generale« absolviert und begann 1984 journalistisch zu arbeiten. Seit 1989 ist der Redakteur bei den Nürnberger Nachrichten beschäftigt. Neben einem Kneipenführer hat er mehrere Zeitungsprojekte konzipiert und im Herbst 2012 mit Dietmar Bruckner das Buch »111 Orte in Nürnberg, die man gesehen haben muss« herausgebracht. Der dreifache Familienvater wohnt seit 2003 in Fürth und genießt das Pendeln im Städtedreieck. Aus seiner Sicht bildet das mittelfränkische Großstadt-Trio einen sehr lebendigen Dreiklang, der immer wieder für Entdeckungen sorgt, die man gesehen haben muss.

Foto © Günter Distler

Die Fotografen

Harald Sippel, geboren in Nürnberg in den 50er Jahren, lernte Erlangen während seines Studiums kennen und als Wohnort schätzen. Es folgten viele Jahre als Bildredakteur bei der Nürnberger Zeitung und den Nürnberger Nachrichten, ehe es ihn auch arbeitsmäßig in die Hugenottenstadt zog. Jetzt erkundet er als Fotograf für die Erlanger Nachrichten seine Stadt täglich neu und stellt immer wieder fest, dass sie viel zu bieten hat.

Hans-Joachim Winckler, 1966 in Alzey/Rheinhessen geboren, zog es nach dem Germanistik-Studium in Mainz nach Nürnberg, wo er seit 1993 mit kurzen Unterbrechungen lebt. Seit 1997 arbeitet er als Bildredakteur bei den Fürther Nachrichten, mit großer Begeisterung für die unzähligen charmanten Ecken, die die Kleeblattstadt zu bieten hat.